いちばんわかりやすい インド神話

天竺奇譚
Tenjikukitan

JIPPI Compact

実業之日本社

はじめに

インドの神様が描いてある絵葉書やポスターをはじめて見たとき、派手な色合いと絵面からくる圧の強さに驚く人は多いと思います。実際、私もそうでした。顔がたくさんあったり、腕が何本もあったり。生首を持っている青い肌の女神は、本当に神様なのかと疑問を持ったほどです。でも、どうして神様たちがそんな姿をしているのだろうと興味を持っていろいろ調べているうちに、神々の物語の虜《とりこ》になってしまいました。

インド神話は、古代インドで信仰されていたバラモン教や、バラモン教が発展したヒンドゥー教の聖典に描かれている神々の物語です。ヒンドゥー教はインドを中心とした南アジア地域で信仰されており、キリスト教やイスラム教に次いで信者が多い宗教です。ヒンドゥー教の叙事詩である『ラーマーヤナ』や『マハーバーラタ』は、宗教の垣根を越えて世界中で親しまれています。

日本人にとってインドは少々遠く、インドの文化にはなじみがないな、と思う方は多いかもしれません。でも実は日本とインドは大昔から深く繋がっているのです。日本人の生活に深く溶け込んでいる仏教は、もともとはインド発祥。ヒンドゥー教の前身であるバラモン教の教義に反した釈迦が興した宗教が、仏教です。仏教にはインド神話の神様たちが多く取り込まれています。天部衆と呼ばれる仏様たちは、天部＝ｄｅｖａ（神を意味するサンスクリット）がもとになっています。帝釈天はインドラ、弁才天はサラスヴァティー、吉祥天はラクシュミー、梵天はブラフマー、大黒天はシヴァ。インドでも有名な神様たちです。知らないうちに私たちは、インドの神様に手を合わせていたのです。

インド神話の歴史は古く、インド最古の聖典『リグ・ヴェーダ』に遡《さかのぼ》ることができます。バラモン教はインドに侵入してきたアーリヤ人たちの宗教で、ヴェーダと呼ばれる聖典を中心にしつつ、その後様々な要素を取り込みながら、ヒンドゥー教へと発展しました。また、インドには、ヴェーダが生まれるよりも千年以上昔に、高度な都市文明がありました。世界四大文明の一つであるインダス文明です。脈々と受け継がれてきたインド古来の思想も、インド神話に深くかかわっているとされています。つまり、インド神話とは、インダス文明から現代まで約４５００年もの長い間、インドの人々に語り継がれてきた神々の物語の集大成、ということになるのです。

現代に生きている壮大なインド神話。少しでも興味を持っていただけましたでしょうか。それでは、インドの神々の奥深い世界を覗《のぞ》いてみることにしましょう。

天竺奇譚《てんじくきたん》　だーきに

●いちばんわかりやすいインド神話〈目次〉

序章

インド神話とは何か？

第1章 インド神話の世界観
～破壊と再生を繰り返す壮大なる宇宙創造～

第2章 インド神話の神々
～ヴィシュヌ、シヴァの眷属、古き神々……個性豊かな神様たち～

シヴァの眷属

女神信仰

古代の神々

第3章　神々の事件簿
～神々や英雄たちが引き起こした数々の大事件～

第4章 インド神話の文化 ～インド神話に登場する文字や呪術、アイテム、動物たち～

終章

現代に息づくインド神話
～インドの祭り、文化、宗教、風習など～

カバーデザイン／杉本欣右　編集協力／株式会社説話社・えいとえふ
カバー・本文イラスト／三村晴子　本文レイアウト／Lush!

序章

インド神話とは何か？

インド神話とは？

ヒンドゥー教で信仰されている多彩な神々

インド亜大陸の歴史とともに発展したヒンドゥー教の神々の物語

インド神話に興味を持って調べてみたけれども、インドの神様たちの性格は複雑だし、物語が難しい。神様の数も多すぎる。そんな話をよく聞きます。たしかにインドの神様たちは二面性がありますし、神話の中にヒンドゥー教の教義や哲学が一体化しているので、はじめて触れると複雑で難しいと感じる人はいるかもしれません。

では、どうして神話が複雑になってしまったのでしょうか。まずは、インドの歴史を眺めながら、インド神話の背景に迫ってみましょう。

インド神話は、現在もインドを中心とした南アジア地域で信仰されているヒンドゥー教の神様たちの物語です。ヒンドゥー教は多神教で、もともとは古代インドで信仰されていたバラモン教でしたが、時代を経てヒンドゥー教へと発展していきました。

バラモン教は、北西からインドに侵入してきたアーリヤ人たちの宗教で、バラモン（僧侶・司祭階級）を頂点とした階級社会を中心に発展しました。その後、仏教の登場などに

インド神話ギモンと考察

ヒンドゥー教は、キリスト教などの一般的な宗教に当てはまらない点が多く、定義が難しいらしい。開祖がいないし、中心となる権威や組織もない。インドに生まれることが前提の宗教だからだ。

インド地図と神様 ～紀元前1500年頃～

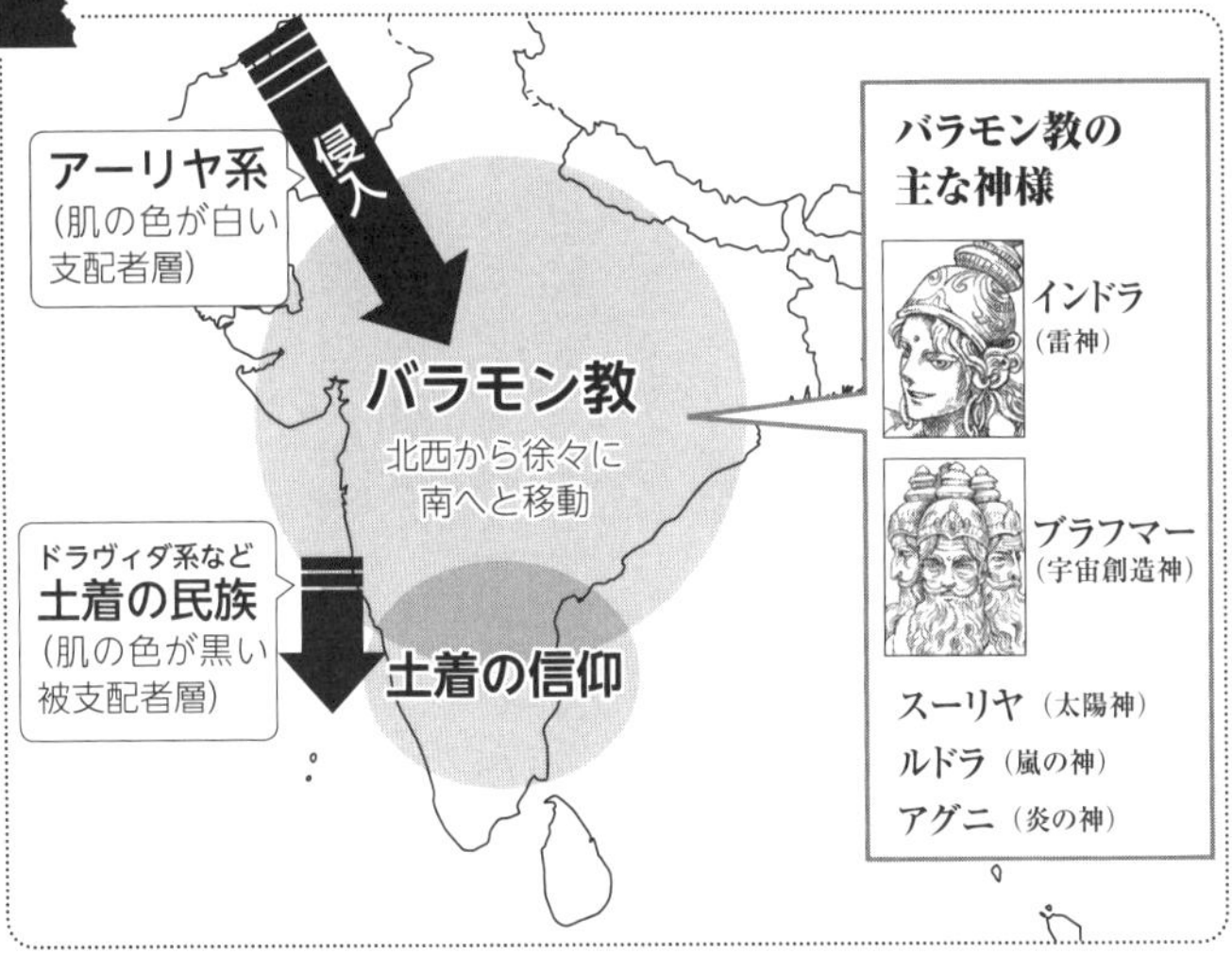

より勢力を失いそうになりますが、土着の要素をうまく取り入れながら、ヒンドゥー教へと変貌を遂げます。

本書は、インド神話やインドの文化にはじめて触れる方々のための入門書として書かれています。

バラモン教時代の神様とヒンドゥー教時代の神様を分けて紹介することがありますが、神話のエピソードはどちらにも似たものが登場しますので、本書の目的上、明確には分けず物語としてご紹介します。

また、文中に神様の名前が出てくることがあります。できるかぎり説明は入れますが、第2章にある神様紹介ページ（73ページ）に詳細がありますので、併せてお読みいただければ幸いです。

古代～バラモン教の時代

インダス文明は、紀元前2500年頃、インダス川周辺地域を中心に栄えました。インダス文明といえば、焼きレンガで造られた高度な計画都市で有名ですが、遺跡からは牛や、シヴァ神に似たヨーガのポーズをとった人物の印章、神官らしき人物や女神などの像が発見されています。現時点ではインダス文字の解読がされていませんし、インダス文明を担った人々がどんな宗教を信じていたのかは不明ですが、既に現在のインドの神様たちのもとになる信仰があったと考えられています。

その後、紀元前1500年頃、北方からアーリヤ人たちがインドに侵入してきました。そのアーリヤ人たちの宗教が、バラモン教（ブラフマニズム）です。彼らはバラモン教の下で土着の人々（非アーリア系民族）を支配しました。バラモン（僧侶・司祭階級）、クシャトリヤ（戦士・王族階級）、ヴァイシャ（庶民階級）、シュードラ（奴隷階級）、それ以外と階級を分け、身分の根拠は神話の中で定められました（21ページ、41ページ）。

階級にはそれぞれ役割がありました。バラモンは神々の言葉を伝えること。クシャトリヤはバラモンを保護し国を守ること。ヴァイシャは平民として農業や商業に勤しみ、シュードラは上位の三身分に仕えること。身分は子から孫へと受け継がれました。カースト制

インド神話豆知識
バラモン教の初期の時代は神の姿を像にしなかった。その後マトゥラーやガンダーラで仏教のほうが先に彫刻で姿を表すようになる。インド神話の神像の登場は比較的遅く、紀元後のものが多いのだ。

インド地図と神様 ～紀元後～

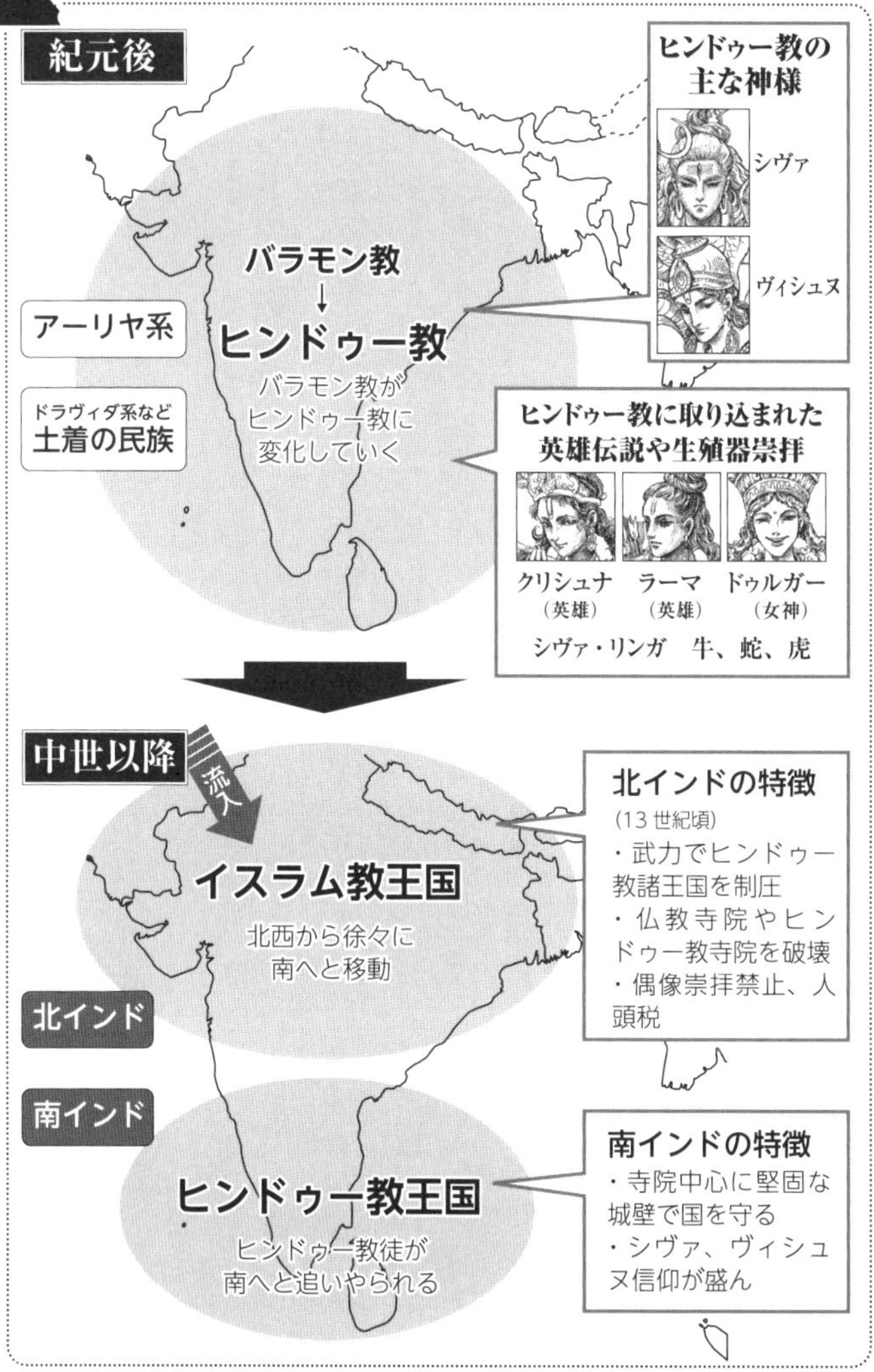

度として知られるインド固有の身分制度の考え方は、この時代には既にできていたのです。肌の色が白いアーリヤ人は、肌の色が黒い土着の人々と血が混じることで、自分たちの優位性が崩れることを恐れていたのだと思われますが、この思想は現代まで引き継がれています。

ヒンドゥー教の時代へ

古代インドに数多くあった諸王国は、バラモン教を保護していました。バラモンを保護するのが、クシャトリヤである王族の役割だったからです。バラモンたちは、神々への賛歌であるヴェーダを唱えて祭祀を行い、祭式の手順や方法も高度に整えていきました。

しかし、祭式にこだわるバラモン教に異論を唱える者たちが出てきました。紀元前5世紀頃に生まれた仏教は、シャーキャ族の王子、釈迦（ゴータマ・シッダールタ）が興した宗教です。他にも、極端に殺生を禁止するジャイナ教など、この時期には多くの思想が生まれました。仏教を保護する王国も現れ、バラモン教は窮地に立たされます。特に、紀元前3世紀頃、インドをはじめて統一した北インドのマウリヤ朝のアショーカ王は、仏教を厚く信仰し、政治にも仏教的な考え方を取り入れました。

周囲の環境に圧されたバラモン教の担い手たちは、自分たちの神だけではなく、もとも

インド神話ギモンと考察

ほとんどの聖典が何百年もかけてまとめられているので、現在私たちが読む聖典や叙事詩の物語は様々なエピソードがつけ足されていると考えていい。つじつまが合わないことは当たり前なのだ。

とインドで信仰されてきた土地の神や、人気がある英雄たちの物語、他の宗教の思想を自分たちの聖典に取り入れはじめました。

インドの二大叙事詩、『ラーマーヤナ』と『マハーバーラタ』は、既にこの時代にはある程度形ができており、どちらも古代王国の英雄たちの物語として親しまれていたと考えられています。口頭伝承されてきた叙事詩が文章の形でまとめられたのは、紀元前4世紀から紀元後4世紀頃と言われていますが、その時代はヒンドゥー教が形成された過渡期と重なります。

バラモン教は、他の神々の物語を取り入れるとき、「実はこの神はバラモン教の神と同じである」と説明しました。「英雄クリシュナは、実はヴィシュヌが人間世界に生まれ変わった姿である」「この土地の女神は実はシヴァの妃である」と神話で説明し、ヴェーダの他にも新しく聖典をつくりました。なんと、バラモン教に反した釈迦も、ヴィシュヌの化身となっているのです（ただし、ヴェーダを信じない無法者や魔神たちを離反させた、という役割ですが）。

このようにして**バラモン教は、定義された身分制度や伝統はそのまま、様々な要素を取り入れながら発展を続け、ヒンドゥー教へと変化していきました。**ヒンドゥー教は「インド教」という意味でもあります。アーリヤ人の宗教だったバラモン教が、インドという地域に根ざした民族宗教に変わっていったということです。

5世紀から12世紀にかけて、ヒンドゥー教は最盛期を迎えます。サンスクリットの文学や、神々への賛歌をまとめた聖典が数多くつくられ、ヒンドゥー教中心のインドの文化が成熟していったのです。

イスラム系王朝の時代

その後、ヒンドゥー教王国はムスリム（イスラム教徒）の圧力により岐路に立たされます。北西から侵攻してきた彼らは圧倒的な機動力でヒンドゥー教王国を滅ぼし、勢力を拡大していきました。13世紀初頭、いまのインドの首都デリー近郊を中心に、デリー・スルタン朝と言われる一連の王朝が登場します。イスラム教では偶像崇拝は禁止されているため、この時代、北インドにあったヒンドゥー教の寺院や仏教の僧院などの建物の多くは破壊されました。仏教はこの時期インドから消滅しました。

そしてついに16世紀、ムスリム王朝であるムガル帝国が北インドを掌握します。ムガル帝国はインドの諸王国を征服していきましたが、中には、インドの大多数を占めるヒンドゥー教徒からの反発を防ぐため、一部の税を廃止し、自らヒンドゥー教王国の姫を妃にするなどして融和に努めた王もいました。そのため、この時代はヒンドゥー教とイスラム教

インド神話豆知識　ムガル帝国の第３代皇帝アクバルは、イスラム教以外の宗教に比較的寛容で、ヒンドゥー教徒であるラージプート族の姫を妃にしたり、叙事詩などもペルシャ語に翻訳させたりした。

ブリハデーシュヴァラ寺院とタージ・マハル

南インド、タンジャーヴールのブリハデーシュヴァラ寺院。

北インドのタージ・マハル。ムガル帝国の皇帝シャー・ジャハーンが、妃のムムターズ・マハルのためにつくった霊廟。

の融合した建築物や芸術が花開きました。白大理石で有名なタージ・マハルはムガル帝国時代に建てられたもので、イスラム教の霊廟《れいびょう》です。その後ムガル帝国は17世紀末までにインドのほぼ全域を支配したのでした。

また、南インドには古くからヒンドゥー教王国がありました。南インドの諸王国は、ローマや東南アジアや中国など、海外との貿易で富を蓄え栄えていました。８世紀から11世紀頃には巨大な寺院も多くつくられ、サンスクリットだけではなくタミル語、テルグ語、カンナダ語の文学も発展します。その後、北方のムスリム王国に警戒した彼らは、外部からの襲撃に備えて大きな城壁を備えた門前町をつくるようになり、よりヒンドゥー教の神々への信仰を強めていきます。

インドを「北インド」「南インド」と分けて説明することがあるのですが、これはこういったインド北部と南部の文化が異なることも理由としてあげられます。北インドはムスリムの影響を受け、南インドはよりヒンドゥー教文化を色濃くしていったのです。

英国統治時代から現代へ

ムガル帝国の力が弱まると、19世紀には英国がインドを支配するようになりました。インドで英語が通じるのは、英国統治時代の名残です。英国を通じて様々な思想が入ってきましたが、ヒンドゥー教徒の日常には神々が存在し、消えることはありませんでした。英国からの独立運動にも、神々への信仰が重要な役割をはたしています。

現在でも敬虔《けいけん》なヒンドゥー教徒は、家にある祭壇にお供えをして神様にお祈りを捧げます。その神々は、ヴィシュヌやシヴァを中心に、叙事詩の英雄クリシュナや、富を与えるガネーシャ、『リグ・ヴェーダ』にも登場している学問の女神サラスヴァティーと多岐に渡ります。歴史の流れとは裏腹に、神々は人々に信仰され続けているのです。

インダス文明から現代まで、気が遠くなるような時間の中、インドの神様はインドという土地を見守ってきたのでしょう。

インド神話豆知識

インドは地方で言葉が違い、紙幣には17種類の言語が書かれている。昔はお互い違う言語だったので会話が通じなかったが、英語が共通語になったので、随分と意思疎通が楽になったという。

インド文化圏と身分制度「カースト制度」

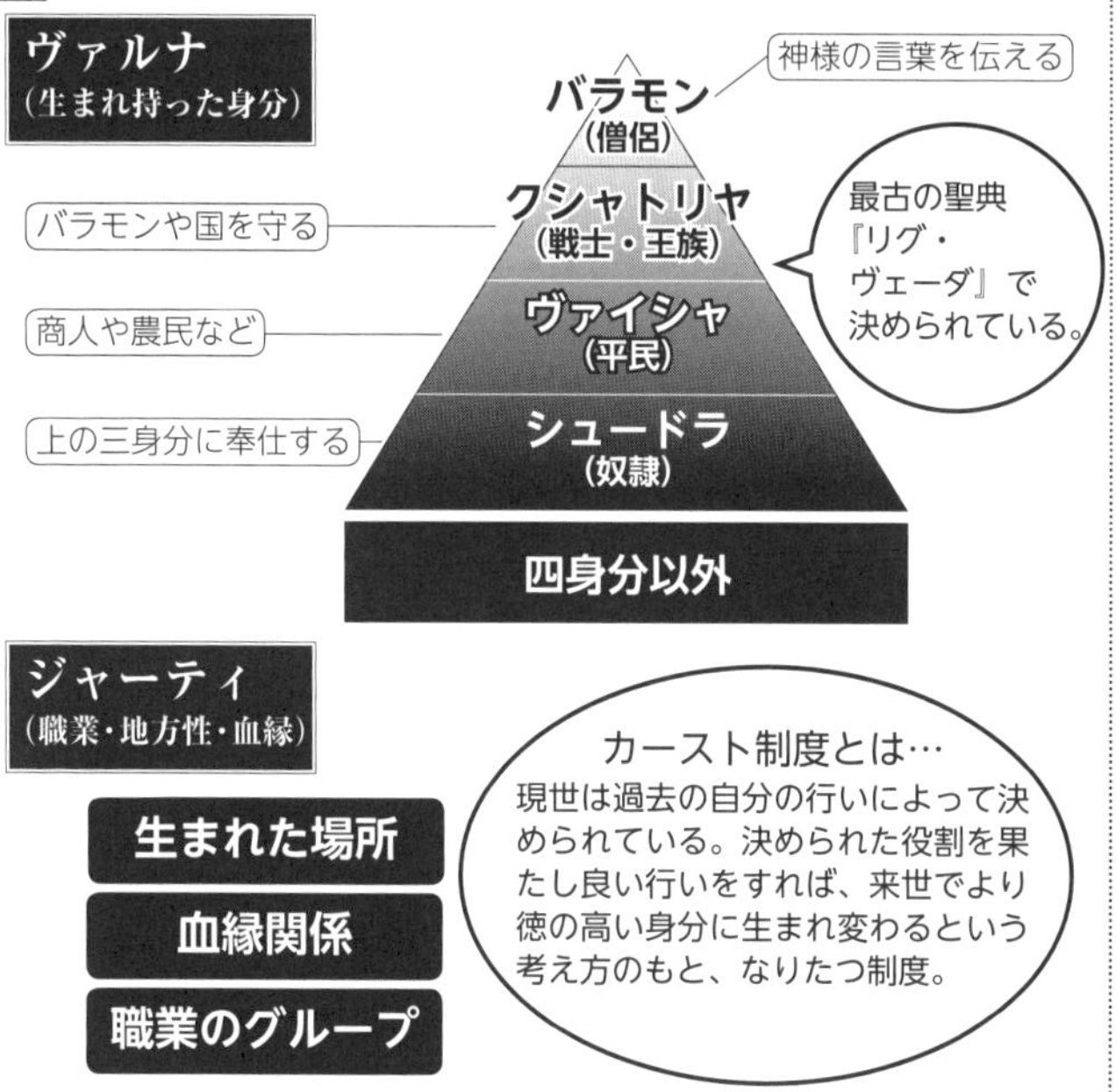

カースト制度は、「色」を表す４つの身分である「ヴァルナ」と、生まれた地域や職業などの種類である「ジャーティ」が合わさった身分制度のこと。現在は、カースト制度は法律で禁じられており、カーストによる差別は処罰の対象になる。しかし、カーストは宗教と密接に絡んでいるので、人々の意識の中には根強く残っている。『マヌ法典』では、別の階級との婚姻は認められず、生まれた子は雑種として身分の外に属するとされている。特に奴隷のシュードラとの結婚は忌むべきもので、バラモンとシュードラの間に生まれた子は「チャンダーラ」と呼ばれ、穢れた子とされた。また、男性よりも女性の身分が上の結婚は「逆毛婚」とされ絶対に許されなかった。逆に、男の身分が高い場合はまだ許された。もちろん異なるヴァルナでの結婚は多かったのだろうし、だからこそこうして定められたのだと思うが、古代に定められたこの思想が現代まで続いているのは興味深い。

インド神話の聖典
「ヴェーダ」と叙事詩

ヒンドゥー教の聖典に登場するインドの神様たち

インド神話は、ヒンドゥー教の聖典に書かれている神様たちの物語です。では、聖典にはどんな種類があるのかを見てみましょう。

まずは、もっとも基本となる聖典は、**バラモン教の聖典「ヴェーダ」**です。ヴェーダは天啓聖典（シュルティ）と言われていて、人間がつくったものではなく、神から授かったものだと考えられています。そのため、ヴェーダはバラモンの師からの口頭伝承によって代々伝えられ、弟子は発音も全てそのまま暗記する必要がありました。最も重要なヴェーダは4種あり、サンヒター（本集）と呼ばれ、現在でも大切にされています。最古のヴェーダである『リグ・ヴェーダ』には神々への賛歌が、『サーマ・ヴェーダ』には賛歌の詠唱方法が、『ヤジュル・ヴェーダ』は祭祀で述べられる言葉の意味が、『アタルヴァ・ヴェーダ』は呪法や医術などがまとめられています。これらは全て、バラモンが神々に祭祀を行う際に必要な歌や祭儀の方法などをまとめたもので、初期の頃はバラモン以外が、特に

インド神話 豆知識

聖典には２種類ある。一つは神から授かった天啓聖典『シュルティ』のヴェーダで、もう一つは聖仙たちが書き記した『スムリティ』というもの。スムリティには叙事詩やマヌ法典などがある。

column インド神話こぼれ話

正統なヒンドゥー教とは？

バラモン教の聖典である四大ヴェーダや、叙事詩のエピソードから派生している聖典は「正統なヒンドゥー教」の流れを汲むとされている。でも、中には当時「正統」とされなかった聖典もある。そもそも四大ヴェーダも昔は３つで、非アーリヤ的で呪術的な要素が強い『アタルヴァ・ヴェーダ』はあとで追加されたものだと言われているし、現在では大人気のシヴァもドゥルガーもカーリーもクリシュナも、「正統」ではない土着の神や英雄たちだった。当時は「正統」でなくても、何百年、何千年の間に「正統」に組み込まれていく。排除するのではなく取り込んでしまうヒンドゥー教の複雑さがここにある。

身分の低い者たちがヴェーダを唱えることは許されませんでした。

その後、四大ヴェーダの内容をもとにした様々な解釈をまとめた付属書が多数つくられました。ブラーフマナ（祭儀書）、アーラニヤカ（森林書）、ウパニシャッド（奥義書）などと分類されますが、後期に登場したウパニシャッドでは、インド哲学の思想や、シヴァ、ヴィシュヌの物語が語られています。

次に重要なのが、叙事詩『**ラーマーヤナ**』や『**マハーバーラタ**』です。戦士階級のクシャトリヤが主人公の英雄物語で、作中には、ヴェーダなどに登場する神々の物語が山ほど盛り込まれていますが、市井《しせい》の人々が楽しめる文学としてインド全土に広まりました。

ヒンドゥー教王朝が興隆した時代には、それぞれの神々への賛歌や物語がまとめられた「プラーナ文献」と呼ばれる聖典たちが登場します。プラーナ文献は「第五のヴェーダ」とも言われ、ヒンドゥー教の中核となっています。『ヴィシュヌ・プラーナ』、『シヴァ・プラーナ』、『バーガヴァタ・プラーナ』や、女神の素晴らしさを讃えた『デーヴィー・マーハートミャ』など、神様の数以上存在すると言ってもいいかもしれません。

この時期は、サンスクリット文学が花開き、西洋にも影響を与えた『シャクンタラー物語』などの文学作品も多く登場しました。クリシュナと彼の恋人ラーダーの官能的な愛の語らいを描いた抒情詩『ギータ・ゴーヴィンダ』は12世紀頃の作品ですが、やはり神話を題材にした物語で、現在でも多くの人に愛されています。

あまりの数の多さに驚きますね。でも、難しく考える必要はありません。聖典の多くはヴェーダや叙事詩が基本で、のちの聖典でそれぞれの物語を発展させていることが多いのです。**聖典の多くは「神様大好きです」という神様への賛歌か、この世のなりたちを神話として説明しているもの**です。神様のエピソードだけを拾い読みしていると混乱することがあるかもしれませんが、インド神話は無数の聖典に書かれていることと、編纂《へんさん》された時代も場所も思想も異なるということを知れば、少しは理解の助けになるかもしれません。

インド神話豆知識
古代医学『アーユルヴェーダ』は『アタルヴァ・ヴェーダ』から派生した伝統医術らしい。一時期廃れていたけれども現代になって復活した。アーユルヴェーダの医師になるには国家資格が必要。

インド神話の聖典リスト

※大まかな分類については巻頭の図表［インド神話歴史と文献］を参照してください。

種類	タイトル	内容
四大ヴェーダ	リグ・ヴェーダ (B.C.12～B.C. 8頃)	インドラ様万歳！アグニ様万歳！古代の神々への賛歌。
	サーマ・ヴェーダ (B.C.12～B.C. 8頃)	祭式をする僧のための、儀式の方法など。
	ヤジュル・ヴェーダ (B.C.12～B.C. 8頃)	祭式でヴェーダを詠唱する方法など。
	アタルヴァ・ヴェーダ (B.C.12～B.C. 8頃)	呪術や医術。非アーリヤ系の知識なども含む。
ヴェーダの付属書	ブラーフマナ (B.C. 8頃)	祭儀書。ヴェーダ祭式の説明。
	アーラニヤカ (B.C. 6頃)	森林書。祭祀の説明や奥義や哲学的な内容。
	ウパニシャッド (B.C. 5前後)	奥義書。別名『ヴェーダーンタ』。哲学的な内容や瞑想やヨーガの方法、シヴァやヴィシュヌの神話など。
叙事詩	ラーマーヤナ (B.C. 4～4世紀頃)	コーサラ国のラーマ王子が、魔王ラーヴァナを倒す物語。聖仙ヴァールミーキ作。
	マハーバーラタ (B.C. 4～4世紀頃)	バラタ王の子孫クル族の王位継承争いをもとにした物語。聖仙ヴィヤーサ作。
プラーナ文献	ヴィシュヌ・プラーナ (4～14世紀頃)	ヴィシュヌ派の聖典。
	シヴァ・プラーナ (4～14世紀頃)	シヴァ派の聖典。
	バーガヴァタ・プラーナ (4～14世紀頃)	『マハーバーラタ』のその後の物語やクリシュナ神話が中心。
	デーヴィー・マーハートミャ (8世紀前後)	『マールカンデーヤ・プラーナ』の一部。女神信仰の聖典。
生活規範や学術論など	マヌ・スムリティ (B.C. 2～2世紀頃)	『マヌ法典』。宇宙のなりたち、バラモンの規範や法律、結婚制度や身分制度を定める。
	アルタ・シャーストラ (B.C. 4～3世紀頃)	『実利論』。国の管理方法。政治や国防や利益、スパイの役割など。カウティリヤ作。
	カーマ・スートラ (4～5世紀頃)	正しい結婚、性交の仕方、異性をその気にさせる方法、まじないなど。ヴァーツヤーヤナ作。
	ナーティヤ・シャーストラ (3世紀頃)	舞踊論。ダンスのポーズや歌についての規定。聖仙バラタ作。
戯曲や恋愛抒情詩など	シャクンタラー物語 (4～5世紀頃)	シャクンタラー王女の物語。ゲーテの『ファウスト』にも影響を与えたと言われる。カーリダーサ作。
	ギータ・ゴーヴィンダ (12世紀頃)	クリシュナとラーダーの愛の語らいが綴られた詩。扇情的でエロティックな内容の中に、クリシュナ信仰を盛り込む。ジャヤデーヴァ作。

※ヴェーダは、四大ヴェーダと、各々に付随する聖典。
※プラーナ文献は第5のヴェーダとも言われ、大プラーナは18種で副プラーナなども含めると膨大な数になる。

インド神話の特徴　理解が深まる8つのポイント

インド神話を読み解くために押さえておきたいポイント

ポイント1　推しの神様を讃える聖典

神様の物語が書いてある聖典の数が、山ほどあることは前述しました。では、それぞれどんな違いがあるのでしょうか。

聖典には、神々への賛歌や、神々の素晴らしさを讃える逸話がたくさん登場します。でも、どの神様も平等に取りあげているわけではなくて、その聖典の中での「推し」の神様が、一番重要視されています。これは、聖典の編者がどの神様を推しているのかによって内容も違ってくるからです。また、「推し」は1人ではなく、複数いる場合もあります。

バラモン教の時代、『リグ・ヴェーダ』で一番推されているのは軍神インドラです。神々に供物を運ぶ炎の神アグニも人気がありました。ヒンドゥー教の時代にまとめられた聖典では少々事情が変わってきます。ヴィシュヌを讃える『ヴィシュヌ・プラーナ』では

インド神話ギモンと考察　聖典が山ほどあるのは、どの神様を推すかによってヴェーダや叙事詩にある有名なもとネタの解釈違いが生じたけど、どの解釈もなんとなく残って受け入れられているからと考えてみると面白い。

column インド神話こぼれ話

インド神話と呪いの話

インド神話では、呪いにより姿を変えられたり、大変な目にあう者たちの話が多い。呪いをかけるのは神々だけではなく、聖仙やバラモン、王族などだ。呪われて仕方がない酷い行いをした者もいれば、うっかり聖仙に失礼なことをして呪われて亡くなってしまう不憫な者もいる。ただ、呪いの取り消しはできないけれど、呪いの上掛けはできる。呪いによって魔物に変えられたあと、「こういう条件になれば呪いが解けるからそれまで待て」と、上掛けの条件で後日救われる話も多いのだ。古代では呪いは身近な存在だったらしく、呪術が満載の四番目のヴェーダ『アタルヴァ・ヴェーダ』には、呪い返しの呪文がある。

ヴィシュヌが宇宙の中心であると説いていますし、シヴァを讃える『シヴァ・プラーナ』や『リンガ・プラーナ』ではシヴァが一番素晴らしい神だと書かれています。

これらのプラーナ文献には、もとネタが『リグ・ヴェーダ』や叙事詩の物語が取りあげられていることが多いのですが、それぞれのオチが、推しの神様に都合がいいように変更されていることがあります。これは「改変された！」と目くじらをたてるようなことではなく、「推しの神様を讃えたいからちょっと変えてみた」ということです。

ヒンドゥー教ではどの神様を信仰するかで宗派ができました。たとえばシヴァを信仰するシヴァ派、ヴィシュヌが最高だと思うヴィシュヌ派、その宗派の中でもそれぞれの教義によって細かく分かれています。聖典をまとめるときに、この聖典はどの神様を推しているのか、どんな教義なのかをわかりやすくすることは、とても重要だったのです。

とはいえ、様々なパターンの物語を排除することなく受け入れているのは、ヒンドゥー教の特徴なのかもしれません。

ポイント2 時代や聖典によって神様の役割が変わる

聖典によって同じエピソードのオチが異なることは前述しましたが、同じように、登場する神々の役割や性格も大きく異なる場合があります。

たとえば軍神インドラはどうでしょう。『リグ・ヴェーダ』は、アーリヤ人の神であるインドラを激推ししていて、「神々の王」と崇めています。インドラは天空を駆ける雷神で、旱魃《かんばつ》を起こす魔神ヴリトラを倒し、雨をもたらす英雄です。

一方、後世の聖典、ヴィシュヌを推しているプラーナ文献では、インドラは戦いを恐れて隠れてしまいますし、『リグ・ヴェーダ』でインドラが行った悪魔退治は、実はヴィシュヌが力を貸したことになり、ヴィシュヌの手柄になってしまいました。また、『マハーバーラタ』に登場する物語では、インドラはシヴァの息子であるスカンダ（クマーラ）に

インド神話豆知識
神話に登場する魔物はアスラやラークシャサだけではない。土着の要素が強い魔物も多い。悪霊ブータ、死霊プレータ、生者や死者の肉を食らうピシャーチャなどは人に害をなすと信じられている。

魔神族アスラ＝阿修羅

興福寺の阿修羅像

魔神族アスラ（asura）は日本では阿修羅と訳される。ヒンドゥー教では神に敵対する種族だが、仏教に取り入れられると仏教の守護者とされた。阿修羅といえば、興福寺にある奈良時代の国宝「阿修羅像」。あの物憂い顔のイケメン仏像は、このアスラのことなのだ。

もともとデーヴァもアスラも、インドやイランでアーリヤ人に信仰されていた神。インドではアスラが魔で、デーヴァが神となった。

将軍の地位を与え、養女のデーヴァセーナーと結婚させます。

同じようなことが、他の神々についてもよくあります。これは、**過去に崇められていた神々の地位を下げることで、新しい聖典の神のほうが素晴らしいのだ、という理由にされているからだ**と考えられます。「推し」の神がだれなのかによって、他の神々の役割が変わることもあるのがインド神話だと言えるのかもしれません。

ポイント3　神族と魔神族は近い存在だった

インド神話に登場する魔神族（アスラ）は、神々と敵対する存在として描かれています。神族（デーヴァ）対魔神族（アスラ）といった感じでしょうか。
でも初期の頃の魔神族は神族が倒すべき絶対的な悪ではありませんでした。場合によっては協力することもある、神族とは別の種族という印象を受けます。両者の関係は、アーリヤ人と非アーリヤ系の土着の人々との争いが関係しているという説もあります。ヒンドゥー教時代では魔神族は悪とされ、神に倒されるべきものへと変化していきましたが、魔神たちは神々と対等かそれ以上の力を持っています。

魔神の中にはとても徳が高くて素晴らしい王がいますし、神々はたびたび魔神を騙します。戦いに負けた魔神族は不死の力を得ることはできず、地底で暮らしています。

神族と魔神族が近い理由としては、もとをたどるとどちらも創造神ブラフマーが祖先だからかもしれません。ブラフマーの子である大聖仙カシュヤパは、世界の創造にかかわる造物主プラジャーパティの一人であり、魔神族の始祖でもあります。

また、魔神族とは異なるラークシャサ族（羅刹）という種族もいます。こちらは地上で暮らしており人間と敵対することが多いのですが、やはりブラフマーの血を引いています。ラーマ王子の敵である魔王ラーヴァナは天界を脅かすほどの力を持ったラークシャサ族の王です。ラーヴァナの曽祖父（あるいは祖父）はブラフマーにあたります。

インド神話
豆知識
人間がいまより短命だった古代。インドのような特に過酷な自然環境の下では、子孫を残すことは最重要課題だった。『カーマ・スートラ』などの性愛学は上流階級の男女のたしなみとされていた。

ポイント4 官能的な物語が多い

インド神話には、生々しくてエロティックな題材が多く含まれています。炎の神アグニに恋した娘が、アグニの想い人に化けて交わり精液を盗む話。夫婦仲が良すぎて、ベッドインしたら数百年出てこなくて訪問客が呆れて帰ってしまったというシヴァとパールヴァティーの話。神々は人間と同じく欲望に忠実で、生き生きと描かれています。

インドは古代から、ダルマ（法・徳・正義）、アルタ（実利・富）、カーマ（愛）を人生の目的として生きるようにと示されてきました。ダルマは法律や生活規範。アルタは経済活動。そしてカーマはその名の通り「愛」。インドでは、法や経済と同等に、男女の正しい交際方法や夫婦関係が詳細に研究されていました。

ポイント5 神様と人間との距離が近い

インド神話の神々は、天界から人間の様子を見ているだけではありません。何かと地上の出来事にかかわってきます。神様は、熱心に神を讃える修行者の願いを叶えてくれます。この場合の修行者は、人間でも魔物でも神でも変わりません。その願いに見合った苦行をしたと神に認められれば、たとえ魔神であろうとも、願いを聞き届けてくれます。

バラモンは、儀式を行い、神様に願いを聞いてもらうのが仕事でした。バラモンは神々に命令することができましたし、天界をも動かすことができるということを、神話として記したかったのかもしれません。

また、世界の維持神であるヴィシュヌは、この世が乱れそうになると自らが生まれ変わり世界を救います。この姿のことを「化身」（アヴァターラ）といいます。

たとえば、ヴィシュヌはランカー島に住む魔王ラーヴァナが勢力を増し大変なことになることを知り、コーサラ国のラーマ王子として生まれ変わり、魔王を倒します。ラーマ王子は『ラーマーヤナ』の主人公です。またあるときは、ヴィシュヌはヤーダヴァ族のクリシュナとして生まれ変わります。クリシュナは『マハーバーラタ』に登場する英雄で、主人公の五王子の良き友人として登場します。

ポイント6 バラモン至上主義

ヒンドゥー教の聖典では、バラモンが最上位であることが前提になっています。どんなに偉大な王族（クシャトリヤ）よりも、バラモンのほうが偉いのです。そのため、神話の中にはバラモンがどれほど素晴らしいかを説明した物語が多く存在します。

バラモンは神々と人とを祭祀によって繋ぐ役割があります。バラモンがヴェーダに則っ

インド神話 豆知識 古代のバラモンは基本的に生産活動を行っていなかったらしい。バラモンに贈り物をすることは徳が高い行為として奨励され、素晴らしい贈り物をした王様は聖典の中で褒め称えられている。

column インド神話こぼれ話

「化身」アヴァターラとは？

SNSやゲーム、インターネット上では意識せずに使っている「アバター」という言葉。実は化身「アヴァターラ」（avatāra）が語源なのだ。ジェームズ・キャメロン監督の『アバター』という映画もあったが、異世界で別の体を持って生まれ変わった者が世界を救うという設定は、もしかしたら人類共通にある願望なのかもしれない。そう考えると、漫画やアニメ、ライトノベルで流行している「異世界転生モノ」も、異世界で別の姿をとって大活躍するという点では、物語の主人公たちはヴィシュヌと同じアヴァターラだ。異世界での冒険は、現代の新しい神話として人々を熱狂させているのかもしれない。

た儀式を正確に行わないと、自然の調和が乱れ、供物が天界に届かず、神々が怒って大変なことになります。バラモンは炎に供物をくべ、神から授かったヴェーダを唱えることで、天界に住む神々の力をコントロールすることができると信じられていました。

バラモンたちにとって、バラモンがないがしろにされる世界は最も末期です。この世の終末である「カリ・ユガ期」には、バラモンたちが正しい祭祀を行わなくなり、人々から信仰が薄れてしまうので、悪がはびこり世界が滅びると言われています。

ヴィシュヌの第10の化身カルキは、バラモンたちの秩序ある世界を取り戻すために、カリ・ユガ期に現れます。

また、バラモンを殺したクシャトリヤた

ちを21回も殲滅《せんめつ》したというパラシュラーマも、ヴィシュヌの第6の化身とされています。

ポイント7 神様と対等な聖仙

神話にはたびたび、神々と対等かそれ以上の力を持つ「聖仙（リシ）」という仙人が登場します。本来聖仙とは、修行をして徳や神通力を得た者のことです。「神々の王」と言われるインドラでさえも聖仙たちの力を恐れ、彼らが力を蓄えないようにと修行の邪魔をします。その中でも創造神ブラフマーが生み出した七聖仙（サプタルシ）たちは別格で大聖仙とも呼ばれています。彼らは造物主プラジャーパティでもあり、神々や魔族の始祖として様々な聖典の中に登場します。

聖典には七聖仙以外にも、神の血筋や王家の血筋を引いた者たちも登場します。バラモン出身だと聖仙、クシャトリヤ出身だと王仙と区別されます。皆、山奥や荒野などで激しい修行を積み、神通力を得ています。

聖仙たちは驚くほど長寿で、天界や地上界など世界中を行き来し、人々に智恵を授けます。気難しい者もいて、うっかり聖仙を怒らせると呪われてしまいます。その呪いは相手が神でも関係ありません。一度呪われたら、よほどのことがないかぎり取り消すことはできません。ちなみに、呪いの上掛けはできます。

インド神話 豆知識　大聖仙は7人、8人、9人とも言われていて、聖典によって説が異なる。カシュヤパの妻ディティからは魔神たちが生まれ、ダクシャの娘は神々や聖仙たちに嫁ぎ、ナーガ族やガルダの母となった。

ポイント8 生と死、創造と破壊は隣り合わせ

インド神話では、この世界は発生と消滅、創造と破壊を何度も繰り返すと考えられています。過去から未来に1本の時間軸で進む世界ではありません。**世界の創造神であるブラフマーの1日ごとに世界が創造され、1日が終わるときに一時的に世界が滅びます。**

世界を維持するために人間界に降りるヴィシュヌですが、最終的にはカルキという第10の化身になり、この世を滅ぼし新しい世界をつくります。また、シヴァは人々の願いを聞いて恵みを与える慈悲深い一面もありますが、時が来ればこの世界を破壊します。シヴァの「ターンダヴァ」と呼ばれる踊りは世界を滅ぼし、再生させるのです。これらの、神々による世界の破壊行為は、創造のための破壊といったほうがいいかもしれません。

死や滅びそのものをイメージさせる神もいます。シヴァの妃の一人とされる女神チャームンダーは、死を司り墓場で屍肉を食らう、女神というイメージからは程遠い姿です。他にもマーリアンマンやマナサーなど、天然痘や疫病、毒蛇が神格化した土着の女神もいます。彼女たちはとても恐ろしい存在ですが、丁寧に敬えば災厄を避けることができます。

願う者には幸を与えながらも、世界を無に帰すことをためらわない神。それはまさしく自然そのものの厳しさや恐ろしさを象徴しているのでしょう。

column インド神話こぼれ話

恋愛物語の元祖『シャクンタラー物語』

西洋にも紹介され、ゲーテやシューベルトにも影響を与えたことで有名な『シャクンタラー物語』は『マハーバーラタ』のエピソードを、５世紀頃に劇作家のカーリダーサが戯曲にしたもの。美しきシャクンタラーと、彼女に恋した王様とのロマンスだ。あるときドゥフシャンタ王は森でシャクンタラー姫と出会う。２人は恋に落ちて結ばれるが、王は突然城に戻ることになり、約束の印にと自分の指輪をシャクンタラーに渡して森を出た。シャクンタラーは、王が戻ってこないので自分から王に会いに行くが、道中で約束の指輪をなくしてしまう。それでも城に行くが、王からは「こんな女は知らぬ」と酷い暴言を浴びせられる。王は呪いのためにシャクンタラーのことを全て忘れていたのだった。その後いろいろあって、王は呪いが解けて物語はハッピーエンドに向かう。『マハーバーラタ』よりカーリダーサの戯曲のほうが「呪いによる記憶喪失」「約束の指輪」などの仕掛けがドラマチックで、記憶喪失モノのロマンスの原点と言えるかもしれない。ちなみに２人の間の息子はバラタで、『マハーバーラタ』の主人公たちの先祖である偉大なバラタ王となる。

「シャクンタラー」（by ラージャー・ラヴィ・ヴァルマー）

第1章

インド神話の世界観

～破壊と再生を繰り返す壮大なる宇宙創造～

世界のなりたち

インド神話が彩る宇宙の構成

宇宙創造にまつわる4つの物語

古代から人々は、世界のなりたちを神話で説明してきました。ここでは、インド神話が語る世界の形をご紹介します。

物語1 原初の水の物語

まずは、「世界のはじまりには水があった」とされる物語を3つご紹介します。

(1) 宇宙のはじまりには原初の水があった

『リグ・ヴェーダ』には、「原初の世界は水に覆われていた。水はやがて黄金の胎児（ヒラニヤガルバ）を孕《はら》み、万物の根源となった」という物語があります。また、「この世のはじまりには無もなく有もなく空も天界もなかった」のですが、そこに水が生まれ、唯一の真理が生まれ、男性的なものと女性的なものに分かれて創造がはじまったという物語も

宇宙創造にまつわる４つの物語

物語１ 原初の水の物語

世界のはじまりを「水」とする３つの神話。

ブラフマー

ヴィシュヌ

物語２ 人類創造の物語

原人プルシャが体をバラバラにされ、世界や人々が誕生。カースト制度も説明。

物語３ 世界創造神話

ブラフマー

ブラフマーの目覚めとともに世界がはじまり、眠りとともに終焉を迎える。

物語４ 世界を滅ぼすのは「時間」

サンスクリットでは「時間《カーラ》＝死・暗黒」と同義。この世界ははじまりも終わりもなく、永遠に繰り返すもの。

あります。この「水の中に生まれた究極の存在」は、「宇宙の根本原理」のようなものです。

（２）ブラフマーによる宇宙創造

原初の水の物語は、その後「宇宙はブラフマーが創造した」という物語に変化します。

「原初の世界は混沌としていた。そこに原初の水（ナラ）が生まれた。水の中に種をまくと、種は光り輝く黄金の卵（宇宙卵）となり、卵からブラフマーが生まれた。ブラフマーは卵の殻の上半分を天界に、下半分を地界に、中間を空界にして三界をつくり出し、あらゆる生命や世界を創造した」

（3）ヴィシュヌによる宇宙創造

ヴィシュヌ派の神話では、「実は宇宙を創造したブラフマーはヴィシュヌがつくり出したのだ」という物語になっています。

「原初の世界に現れた原初の水（海）は、実はヴィシュヌそのものだった。ヴィシュヌは竜王アナンタ（シェーシャ）の寝床で眠っていた。その後、ヴィシュヌの臍《へそ》から蓮の茎が伸び、蓮の花が咲いた。蓮の花からブラフマーが生まれ、ヴィシュヌの額からはシヴァが生まれた」

水に満たされた世界に、何かしらの働きかけがあり、創造主である神が生まれたというのは、**原初の世界を子宮に見立てた**のだと言われています。世界を生み出した超越した存在が人格化され、ブラフマーになり、後世ではヴィシュヌになりました。神の姿をとったことにより物語が分かりやすくなりましたが、基本の部分は何千年経っても変わっていないのが興味深いですね。ヒンドゥー教寺院の御本尊は、「ガルバグリハ」と呼ばれる場所に祀られています。ガルバグリハとは子宮の部屋という意味で、内部は暗く、入り口は一つしかありません。人々は祈りを捧げるときに、世界創造を体験するのかもしれません。

インド神話 豆知識

巨人プルシャを犠牲にしたとき『リグ・ヴェーダ』『サーマ・ヴェーダ』『ヤジュル・ヴェーダ』の聖なる三大ヴェーダが生まれたとされる。のちに『アタルヴァ・ヴェーダ』が追加された。

物語2　人類創造の神話～巨人プルシャから全てが生まれた～

『リグ・ヴェーダ』には、原人プルシャから全てが生まれたという物語があります。

「原初の海から、千の目、千の頭、千の手足を持つ巨大な原人プルシャが生まれた。神々はプルシャを供犠として、祭祀を行った。原人の頭からは天界、臍からは空界、足からは地界が生まれ、目からは太陽、耳からは方角、息からはプラーナが生まれた。原人の口からはバラモン（僧侶・司祭階級）、両腕からはラージャニヤ（クシャトリヤ。王族・戦士階級）、両腿からはヴァイシャ（庶民階級）両足からはシュードラ（奴隷階級）が生まれた」

これは、原初の水の中で生まれた原人プルシャは、神々への祭祀のために体をバラバラにされ、供物として犠牲になった。そこから世界や人が生まれた、という物語です。バラバラにされた神の体から様々なものが生まれるという神話は世界中にありますが、この物語も同じ系統のものでしょう。

一つ重要なのは、この物語では、どうして身分制度ができたのかも説明されているということです。**カースト制度と呼ばれるインドの身分制度のもととなっている「ヴァルナ（色）」という考え方は、この神話がもとになっているのです。**

インド亜大陸に侵入してきたアーリヤ人たちは、非アーリヤ人である土着の人々と血が混じることを嫌いました。アーリヤ人は肌の色が白く、土着の人々は肌の色が黒かったので、一目見ただけでお互いの違いがわかりました。バラモンを頂点とする身分制度を神話で説明することで、「ヴァルナ」で階級を分けることを正当化したのでした。

物語3 世界創造神話 ～ブラフマーの1日～

インド神話によると、この世界は「発生と消滅」を繰り返すと考えられています。あるタイミングで宇宙が生まれますが、いずれ消滅し眠りにつく。そしてまたあるときに生まれる、というものです。これは、神々の活動と関係づけられています。神々が世界を創造し、次の創造のために破壊するというものです。ブラフマーの目覚めと同時に、原初の水の中に宇宙卵が発生し、世界がはじまります。そして、ブラフマーが眠るときに、一時的に世界は終焉を迎えます。ブラフマーの1日は1カルパ（劫《こう》）という単位で考えられます。1カルパは人間の年数に換算すると43億2千万年です。つまり、**43億2千万年ごとに世界は滅び再生する**ということです。また、このカルパは14回繰り返され、それぞれの時代に人類の始祖マヌが生まれます。現在は7回目の「カルパ」の期間だそうです。

ブラフマーの寿命は、ブラフマーの時間では百年、人間の時間で311兆4千億年です。

インド神話 豆知識 シヴァの別名マハーカーラは、偉大なる時間、大いなる暗黒などの意味がある。日本では福の神で有名な大黒天は、仏教に取り入れられたシヴァのこと。大（マハー）黒（カーラ）が語源なのだ。

ブラフマーが死ぬときには大洪水が起こり、全てが消滅し、原初の水に戻ります。しかしその永遠のように長い時間も、ヴィシュヌの時間ではたったの1日だそうです。

物語4 世界を滅ぼすのは「時間」

カーラとは「時間」を表す言葉ですが、「死」「暗黒」などの意味もあります。シヴァはマハーカーラ（偉大なる時間）とも呼ばれ、この世の全てを破壊し消滅させる役割があるとされます。また、ヴィシュヌも自らを「カーラ」と言っているので、時間というものがどれほど重要視されていたかわかると思います。

時間には、はじまりも終わりもありません。そうすると、時間に支配されているこの世界も同じく、はじまりも終わりもないことになります。しかし、この世に存在するものはいずれ滅びてしまいます。そのため、世界は永遠にはじまりと終わりを繰り返している、と考えたのです。**時間は偉大な神そのものであり、人間が制御できるものではないのです。**

時間は直線的に進んでいるのではなく、円を描くように繰り返されているという考え方は、人は生まれ変わるという「輪廻（サンサーラ）」思想にも繋がります。肉体は一時的にこの世に存在しているだけであり、肉体は滅びても、不滅の魂はまた別の時代に生まれ変わって別の人生を生きる、というものです。

叙事詩の世界

『ラーマーヤナ』と『マハーバーラタ』を読む

インド神話を語る上で外せない叙事詩の存在

インドの二大叙事詩『ラーマーヤナ』と『マハーバーラタ』は、インド人ならだれでも知っている物語で、絵本や漫画で子供の頃から親しんでいる人たちも多いとか。特に『マハーバーラタ』の一節『バガヴァッド・ギーター』は、ヒンドゥー教の最も重要な聖典とされ、人々の心の支えになっています。どちらもインド神話を知る上で欠かすことのできない有名な作品です。

『ラーマーヤナ』は、さらわれた妃を取り戻すために冒険に出る、ラーマ王子の物語です。ラーマたちは猿族の将軍ハヌマーンたちの力を借り、魔王の都があるランカー島（現在のスリランカ）に向かいます。悪を倒す正義の王子の物語は、世界中で親しまれています。

『マハーバーラタ』は、紀元前にインド北西部にあったと言われる、バラタ王の血を引くクル族の子孫（カウラヴァ）の王国の物語です。王位継承を巡り国が2つに分かれて戦い、周辺国も戦争に加わり大戦争が起こりました。

インド神話ギモンと考察

『マハーバーラタ』のバーラタ（バーラト）とは、インドという国そのものを指す。インド人には「インド」より「バーラト」というほうが喜ばれる。「ジャパン」と「日本」の違いみたいな感じ。

『ラーマーヤナ』の関係図

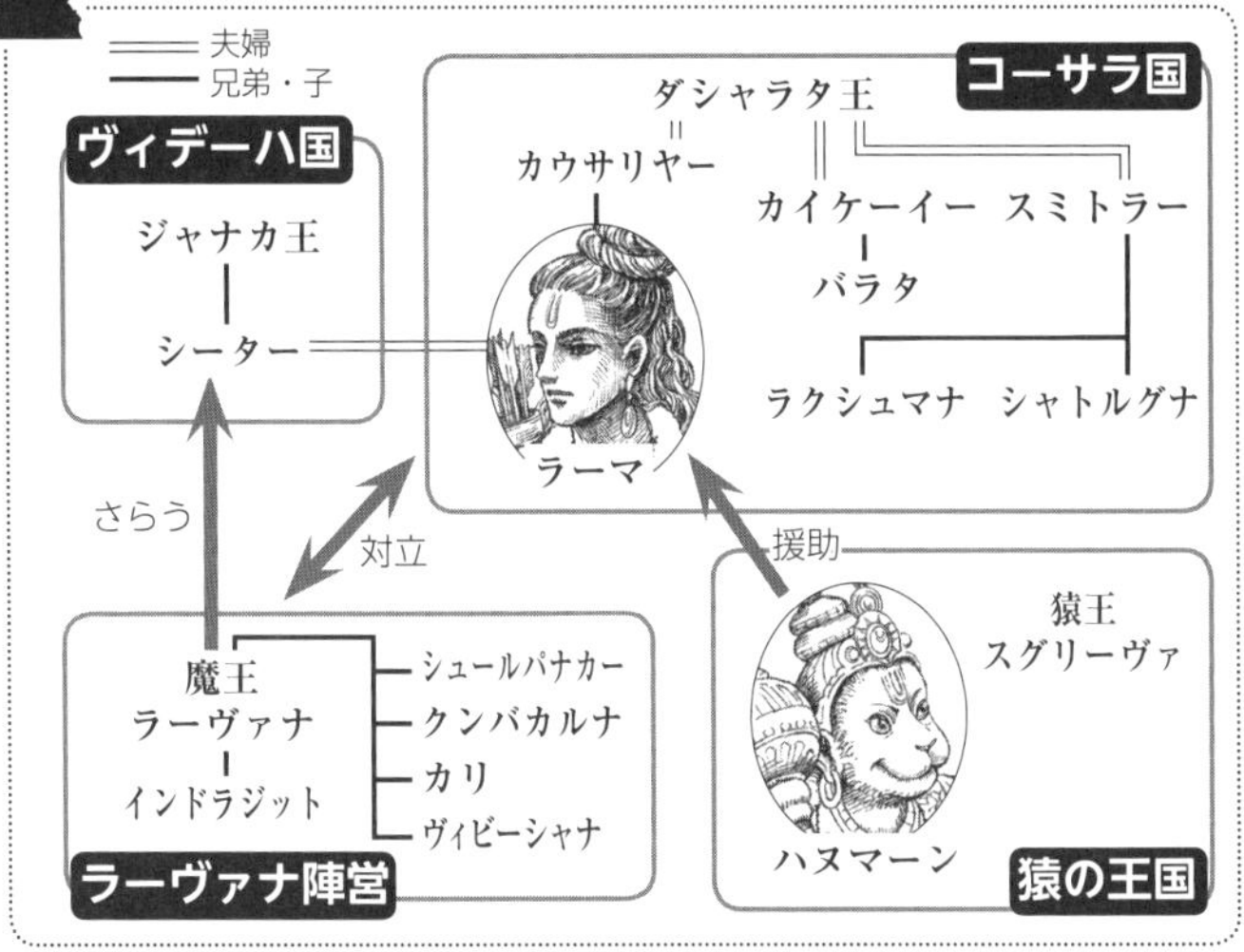

叙事詩『ラーマーヤナ』

コーサラ国のラーマ王子が、魔王ラーヴァナにさらわれた妃を取り戻すお話。

――ラーマ王子の誕生――

あるとき、地上ではラークシャサ族の王であるラーヴァナの力が増し、神々の世界にまで悪影響を及ぼしていました。ラーヴァナはブラフマーの子孫でもあり、自分が神と同じく不死でないことに不満を抱いていました。

不死を欲したラーヴァナは厳しい修行の結果、「神々や魔神族たちからは殺されない」という力を授けてもらいます。その後ラーヴァナは、昔は神々の住処であったランカー島を我が物にして勢力を拡大したのです。神々はだれもラーヴァナの強さにはかないませんでした。

ヴィシュヌはラーヴァナを倒すため、地上に降りることにしました。神々や魔神族ではない「人間」であればラーヴァナを倒すことができたからです。ヴィシュヌはコーサラ国のダシャラタ王の息子として生を受けることを決めました。ダシャラタ王にはラーマ、バラタ、ラクシュマナ、シャトルグナの4人の聡明な息子たちがいました。特に長男のラーマは文武に勝れ、人望ある素晴らしい若者に成長しました。

実は4人の王子たちは皆、ヴィシュヌの神性を持っていました。昔、子供を授かりたかったダシャラタ王が神に願い、飲ませると妊娠するという特別な飲み物をもらったことがありました。王は愛する妃たちにそれを分け与えたのです。ラーマの母に半分、残りをバラタ、ラクシュマナ、シャトルグナの母に飲ませたところ、皆が子を授かりました。4人の王子は素晴らしい若者に成長しましたが、ラーマが最もヴィシュヌの神性を受け継いだのでした。

――ラーマ、シーター姫を娶《めと》る――

ある日ラーマは、聖仙ヴィシュヴァーミトラから、森に住む魔物を退治して欲しいと頼

インド神話 豆知識

バラモン教時代、シーターは大地の女神の名前だった。その後大地の女神はヴィシュヌの妃とされた。ヴィシュヌの化身であるヴァラーハ（猪の姿をしたヴィシュヌ）に助けられるのは大地の女神だ。

まれ、弟のラクシュマナとともに旅立ちます。無事に役目を終えた2人は、お礼にと山ほどの神様の武器を譲り受けました。旅の途中でヴィデーハ国に立ち寄った彼らは、ジャナカ王の一族に代々伝わる伝説の弓を見せてもらうことになりました。

この弓は大昔に、偉大な神シヴァから譲り受けたものでした。ジャナカ王はシーター姫の婿選びの儀式で「この弓を引くことができた勇者に姫を与える」と宣言しました。シーター姫は大地の女神の娘でした。女神のごとき美しさの姫を手に入れようと、諸国の王たちは試練に挑戦しましたが、だれも弓を引くどころか持ちあげることもできません。逆恨みした王たちが怒ってヴィデーハ国に攻め入ったほどです。ジャナカ王は神の加護を得てなんとか戦を乗り切りましたが、そのときは大変な思いをしたのでした。

話を聞いたラーマは興味を持ち、自分も弓を触ってみたいと申し出ました。皆が見守る中、いわくつきの弓を手にしたラーマは、軽々とシヴァの弓を持ちあげ弦をはりました。しかしあまりに強く引きすぎたため、弓は真ん中からぽきりと折れてしまいました。弓が折れる音が雷のように世界中に響き渡り、その音は神々のもとにも届いたほどです。

ジャナカ王は感激し、宣言通りラーマにシーター姫を嫁がせることにしました。ジャナカ王はコーサラ国からダシャラタ王たちを呼び寄せ、結婚式をあげることになりました。ラーマだけではなく、ラクシュマナや他の兄弟たちも、王族の娘たちと結婚することになり、コーサラ国の王子たちとヴィデーハ国の姫たちは幸せな結婚式をあげたのでした。

――カイケーイー妃のはかりごと――

ダシャラタ王は、ラーマに王位を譲るつもりで準備を進めていました。しかし、第二王妃のカイケーイーは、せむしの侍女の巧みな奸計《かんけい》にはまり、自分の息子であるバラタを王位につけたいという野望に取り憑かれます。

カイケーイーは、ラーマの戴冠式の直前に、ダシャラタ王が彼女にした昔の約束を思い出させました。王は、命を救った妃へのお礼として「どんな願いでも2つの願い事を叶えてあげる」と約束していました。カイケーイーは「ラーマではなくバラタを王位につけるように」「ラーマを14年間追放するように」と王に要求しました。

高潔なダシャラタ王は、妃の願いを叶える義務とラーマとの間で悩み苦しみます。その姿を見たラーマは、自ら国を出て14年間放浪することを選びました。ラクシュマナは、納得がいかないと父王をなじりますが、ラーマは彼をなだめました。ラーマは1人で国を出ようとしますが、一緒に行くといって聞かない妃のシーターとラクシュマナに説得され、3人で国を出ることになりました。

待ち望んだ戴冠式が行われず、ラーマ王子が国から追放されることになったと知った民

インド神話ギモンと考察 ラークシャサ族（羅刹）は基本は地上に住んでいる。人間と敵対する種族で鬼に近い存在か。『桃太郎』は『ラーマーヤナ』の影響を受けているという説がある。ランカー島は鬼ヶ島なのかもしれない。

たちは、城に押し寄せ抗議しました。民たちは、ラーマ王子のことが大好きだったのです。悲しみにくれる民たちで、国は喪に服したように暗くなってしまいました。

ダシャラタ王はラーマが出国後、失望のあまり亡くなってしまいました。カイケーイーの思い通り、王位はバラタが継ぐことになりました。その頃ケーヤカ国にいたバラタは突然呼び戻され、父の死と兄の追放を知り驚きます。実の母が計画したとわかったバラタは、国を滅ぼすつもりかと母を罵倒し、王位を拒みました。バラタは父も兄も尊敬していて、王位を望んだことはありませんでした。彼は父王の葬儀を済ませたあと、ラーマたちを追いかけて山に入り、兄たちに戻ってくるようにと説得しました。

しかしラーマの意思は固く、バラタに国を託しました。諦めたバラタはラーマのサンダルを持ち帰り王座に置き、自らは王位につくことはなく、ラーマの代理として国を治めることにしたのでした。

――ラーヴァナにさらわれるシーター――

ラーマたちが森で暮らしているとき、ラークシャサ族の女、シュールパナカーがラーマを見染めて求愛しました。彼女はラークシャサ族の王、魔王ラーヴァナの妹でした。妻がいるからと断ったラーマに逆恨みした彼女は、シーターを殺そうとしますが、逆にラクシユマナに鼻と耳を切り落とされてしまいます。兄の1人であるカリのもとに逃げ帰った彼女は、ラーマたちに復讐してくれと切々と訴えました。妹を辱められたと怒ったカリは、軍隊を率いて森へ向かいましたが、ラーマたちの強さにはかなわず、全滅してしまいました。シュールパナカーは、今度はもう1人の兄ラーヴァナに、仇を討ってくれと願います。

魔王ラーヴァナは、天界の富も独り占めするほどの力を誇っていました。妹の言葉に興味を持った彼は森に向かいますが、美しいシーターに一目惚れしてしまいました。シーターを我が物にしたいと考えたラーヴァナは、美しい鹿に化けた友人がラーマとラクシュマナたちをおびき出している間に、空飛ぶ馬車《プシュパカ》に乗ってシーターをさらったのでした。

妻を連れ去られたラーマは嘆き悲しみました。2人はシーターの行方を捜しましたが見つかりません。やがて彼らは瀕死のハゲタカの王ジャターユスがシーターを救おうとしてラーヴァナにさらわれたこと、ジャターユスに出会い、シーターがラーヴァナに倒されたことを知ります。ジャターユスを埋葬し、2人はラーヴァナが向かったという方角へ進みますが、その後出会った魔物から猿王スグリーヴァのもとへと行けと進言されました。

猿王スグリーヴァは、猿の都キシュキンダーの王でしたが、兄のヴァーリンに妻を奪われ追放された身だったので、ラーマたちはスグリーヴァを助け王位を取り戻しました。感激したスグリーヴァはお礼に必ずシーターを見つけると約束し、猿の国の国民総出で探索

パラシュラーマとラーマ王子の対決

シヴァの弓ピナーカは工巧神ヴィシュヴァカルマンがつくり、魔神たちが治めていた3つの都市を一矢で滅ぼしたという伝説の武器だ。しかしシヴァとヴィシュヌが弓対決したときにシヴァが負けてしまい、シヴァはジャナカ王の先祖にその弓を渡した。それ以来、先祖代々宝物として大切にされてきた弓なのだが、ラーマはその弓をへし折ってしまった。そのことが原因で、ラーマたちの結婚式のあとに招かれざる客が登場する。シヴァの熱心な信者である聖仙パラシュラーマがヴィデーハ国に乗り込んでくるのだ。パラシュラーマは父のジャマダグニをクシャトリヤに殺された恨みから、仇であるクシャトリヤたちを惨殺したことで有名だ。その後、山にこもっていたが、シヴァの弓がラーマに折られたことを知り、慌ててヴィデーハ国にやってきたのだった。彼は父の形見であるヴィシュヌの弓をラーマに渡し、「シヴァ様の弓を折ったのなら、シヴァ様も敵わなかったというこのヴィシュヌ様の弓も引いてみろ！」とけしかけた。ラーマは、ヴィシュヌの弓も引くことができたので、パラシュラーマは自分の非礼を詫び、山に戻っていった。

ジャナカ王の弓を折るラーマ（by ラージャー・ラヴィ・ヴァルマー）

がはじまりました。そのとき中心にいたのがハヌマーン（ハヌマト）という猿の大臣です。

ハヌマーンは風の神ヴァーユとアプサラスの間に生まれた半神で、空を自由に飛ぶことができました。また、力持ちでしたし、体の大きさを自由に変えることができました。その力を使ってシーターを探したのです。

南へと向かったハヌマーンは、ハゲタカの王ジャターユスの弟サンパーティと出会いました。彼に、兄ジャターユスの死と、ラーマの妻シーターを探していることを告げると、サンパーティはシーターの行方を教えてくれました。シーターはラーヴァナの居城、南の果てのランカー島にいるというのです。

喜んだハヌマーンは、早速ランカー島に潜入しました。姿を小さく変えて都や城中を探し、やっとのことで森の奥に幽閉されていたシーターを見つけました。シーターは汚れた姿のままで、恐ろしい姿のラークシャサ族の女たちに監視されていました。ラーヴァナから熱い愛の告白を受けても、シーターはラーヴァナを拒み、頑《かたく》なな態度のままでした。

ハヌマーンは、見張りの隙を見てシーターの前に姿を現し、ラーマから預かった指輪を見せて、自分がラーマの使者であることを明かしました。喜ぶシーターに、ラーマ王子が助けに来ることを告げ、その場を去ります。

ハヌマーンは策を練り、ラーヴァナに会うために騒ぎを起こしてわざと捕まりました。

インド神話豆知識
『ラーマーヤナ』や『マハーバーラタ』の原典は１つではない。何千年もの時を経て現代に受け継がれてきたので当たり前ではあるが、地方色も豊かで、北と南で様々なバージョンがあって内容も違う。

しかし、ラーヴァナには全く相手にされません。その場で殺されそうになりましたが、ラーヴァナの弟ヴィビーシャナに命を助けられました。ヴィビーシャナは、ラーヴァナの弟でありながら神を信じていましたし、高潔な人物でした。

その後ハヌマーンは都を引き回され尻尾に火をつけられる辱めを受けましたが、すぐに逃げ出し、都を火の海にしてからランカー島をあとにしました。急いで猿王スグリーヴァのもとに戻ったハヌマーンは、ラーマにシーターの無事を報告し、皆は喜びに沸いたのでした。

――ラーマ軍の遠征――

さっそくシーターを救いに向かったラーマ一行は、海神ヴァルナと猿族たちの力を借り、ランカー島までの橋をつくってラーヴァナの都を包囲しました。

ラーヴァナは、最強の巨人である弟のクンバカルナを目覚めさせ、決戦に挑みます。クンバカルナは世界を滅ぼすほどの力があり、1日だけ不死になる力がありました。しかし、不死になる前にラーヴァナに目覚めさせられたため、ラーマたちに倒されてしまいました。

今度はラーヴァナの息子、インドラジットがラーマたちと戦いました。インドラジットの攻撃は凄まじく、空から降り注いだ矢で多くの死者が出ました。ラクシュマナも矢を受けて倒されてしまいます。ラクシュマナを救うには、ヒマラヤのカイラーサ山に生えている薬草が必要だと言われたハヌマーンは、急いで空を飛んでカイラーサ山に向かいました。早速薬草を探そうとしましたが、どの草か見分けがつきません。仕方ないので山をまるごと切り取って運び、ラクシュマナに届けました。薬草のおかげでラクシュマナは一命を取り留めることができたのでした。

その後、強敵インドラジットは、兄であるラーヴァナと決別してラーマ陣営に向かったヴィビーシャナに弱点を暴かれ、ラクシュマナに倒されます。

息子を失い冷静を欠いたラーヴァナは、ついにラーマと対決します。ラーマは強い魔力を持ったラーヴァナに苦戦しますが、ヴィシュヌ神からもらった矢を使い、ラーヴァナを倒しました。

――勝利の凱旋――

戦が終わり、シーターを救い出したラーマ王子はランカー島をあとにしました。しかし敵に拉致されていたシーターの貞節を疑う声は多く、ラーマも彼女にひどい言葉をあびせました。「他の男のもとにいる女を助け出したのは義務だからだ。あとはどこにでも行けばいい」まさかの言葉に衝撃を受け、その場に泣き崩れたシーターは、「私の身は潔白で

インド神話 豆知識 ランカー島を目の前に、ラーマは海神ヴァルナに祈りを捧げたが、なかなかヴァルナが出てこないので、怒って強力な神の矢を放ち、海を蒸発させようとした。慌てたヴァルナは海を静かにしたという。

column インド神話こぼれ話

実は偉大な王だったのかもしれないラーヴァナ

ハヌマーンはラーヴァナに会ったとき、ラーヴァナの美しさに驚嘆した。鋭い歯に赤い目、偉大な生気を持ち、全ての吉相が備わった豪勇、心の堅固さと威光が素晴らしいと心の中で絶賛している。もし人妻であるシーターをさらうような真似さえしなければ、この世界の守護者となるだろう、と。実際、ランカー島の都は繁栄していたし、彼を慕う妻たちは大切に扱われていた。独裁者というわけでもなく、戦争をする前には会議をするために大臣たちを招集している。シーターにさえ出会わなければ、ラーヴァナは道を踏みはずすことなく、ラークシャサ族の王として世界に君臨し続けていたのかもしれない。

す。もし自分の言葉が嘘であれば私はこの場で死にます。いますぐ火葬の薪を積みあげなさい」と薪を用意させ、燃え盛る炎の中に入りました。

炎の神アグニは嘘をつくことができないので、心が清らかな者は炎の中でも燃えないと信じられていました。アグニは炎の中のシーターを守り、天の神々も彼女を祝福します。神々はシーターを信じなかったラーマを諌《いさ》め、シーターと添い遂げるよう命じました。

ラーマは苦悶の表情で涙を浮かべ、シーターが炎の中に入るのを見ていました。彼は、「民の前でどうしてもシーターの潔白を神々に証明していただく必要がありました。彼女が私以外のだれにも心を向けていないことを知っています。私はシーターを信じています」と非礼を詫びました。神々はシーターの覚悟を褒め称え、2人を祝福しました。

神々が去ったあと、ラーマや猿族たちは空飛ぶ馬車に乗り込み、コーサラ国に戻ることにしました。戦いの間に追放期間は終わっていたのです。バラタ王子から王位を継いだラーマは人々に祝福され、素晴らしい王様になったのでした。

――最終巻――

国には平和が戻り、ラーマとシーターは幸せに暮らしていました。しかし、シーターの貞節を疑う民の声は消えませんでした。悩んだラーマはシーターと別れることを決意し、ラクシュマナに命じてシーターを森に置き去りにしました。

森に1人残されたシーターは嘆き、ラーマを想って大声で泣きました。森に住んでいた聖仙ヴァールミーキ（ラーマーヤナの作者）は、シーターのことを知って彼女を引き取りました。ラーマの子を妊娠していたシーターは、悲しみの中、双子を出産します。数年たち、聖仙は成長した子供たちとともに都を訪れ、『ラーマーヤナ』の物語をラーマの前で朗読しました。自分に瓜二つの少年たちを見たラーマは全てを悟って後悔し、シーターをこの場に連れてきてもう一度皆の前で潔白を証明して欲しいと依頼します。

インド神話ギモンと考察 ラーマが簡単に王位を捨てたのは、恵まれすぎていて王位への執着がなかったからかも。逆にシーターへの執着はとても強く、彼女がさらわれたときは別人のように取り乱しているのがとても興味深い。

column インド神話こぼれ話

つけ足された最終巻

『ラーマーヤナ』最終巻は、ラーマが二度も妻を疑い失ってしまうというまさかの展開で、勧善懲悪なエンタテインメントが一気に悲劇に。ラーマとの約束を破ったラクシュマナも自殺するし、ラーマを慕う民たちもラーマの死を知りあとを追うのだ。とはいえ民もラクシュマナも肉体を捨てて天界に戻っただけなのだが。最終巻の内容はいかにもあとづけされたもの。演劇等では省略されたハッピーエンド版が演じられることが多い。ただ、シーターは大地の女神として、ラーマはヴィシュヌとして、地上世界での役割を終え天界に戻るという流れは、ヴィシュヌ派の物語としては必要だったのかもしれない。

都に連れ戻されたシーターは、ラーマの前で、母である大地の女神に願いました。「もし私が潔白であれば私を連れていってください。神々の世界に戻してください」

そのとき地面が割れ、大地の女神が現れました。彼女はラーマたちが見守る中、シーターを連れ、そのまま地面の裂け目に入っていきました。

どんなにラーマが後悔しても、神に願っても、シーターは二度とこの世界には戻ってきませんでした。

その後もラーマは善政をし、人々に慕われましたが、寿命が来たことを知り、王位を息子たちに譲ってこの世を去りました。シーターと同じく、神々の世界に戻ったのでした。

叙事詩『マハーバーラタ』

神の子である正義の五王子と、嫉妬深い悪の王子。王位をかけた従兄弟同士の大戦争。

――シャンタヌ王の恋――

むかしむかし、偉大なバラタ王の孫クルのそのまた孫に、シャンタヌという名の王がいました。シャンタヌ王は、偶然出会った美しい女性に一目惚れして結婚を申し込みました。彼女はシャンタヌ王の思いを受け入れますが、条件を出します。それは「私がだれか聞かないこと。2人の間に生まれた子供を私がどうしようと何も咎《とが》めないこと」というものでした。シャンタヌ王は条件を受け入れ、2人は結婚しました。

妃が子を授かり、王はとても喜びます。しかし妃は生まれた赤子をすぐに川に放り込んでしまいました。あまりのことに王は恐ろしくなりますが、「何も咎めない」と決めた約束を果たそうと我慢していました。妃はその後も子が生まれるたびに川に投げ入れます。ついに8番目の子どもをまた川に投げ入れようとするのを見た王は、妃を止めて残酷な行為を咎めました。妃は、約束を破った王に自分の正体を告げます。なんと彼女はガンジス川の女神、ガンガーでした。

インド神話豆知識
ガンガーは呪われた神々の願いを聞くことにしたが、8人目に転生する神は素晴らしい人物として人々から尊敬を集めると予言された。その子供が最後に生まれた王子で、のちのビーシュマとなる。

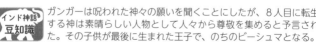

『マハーバーラタ』の関係図

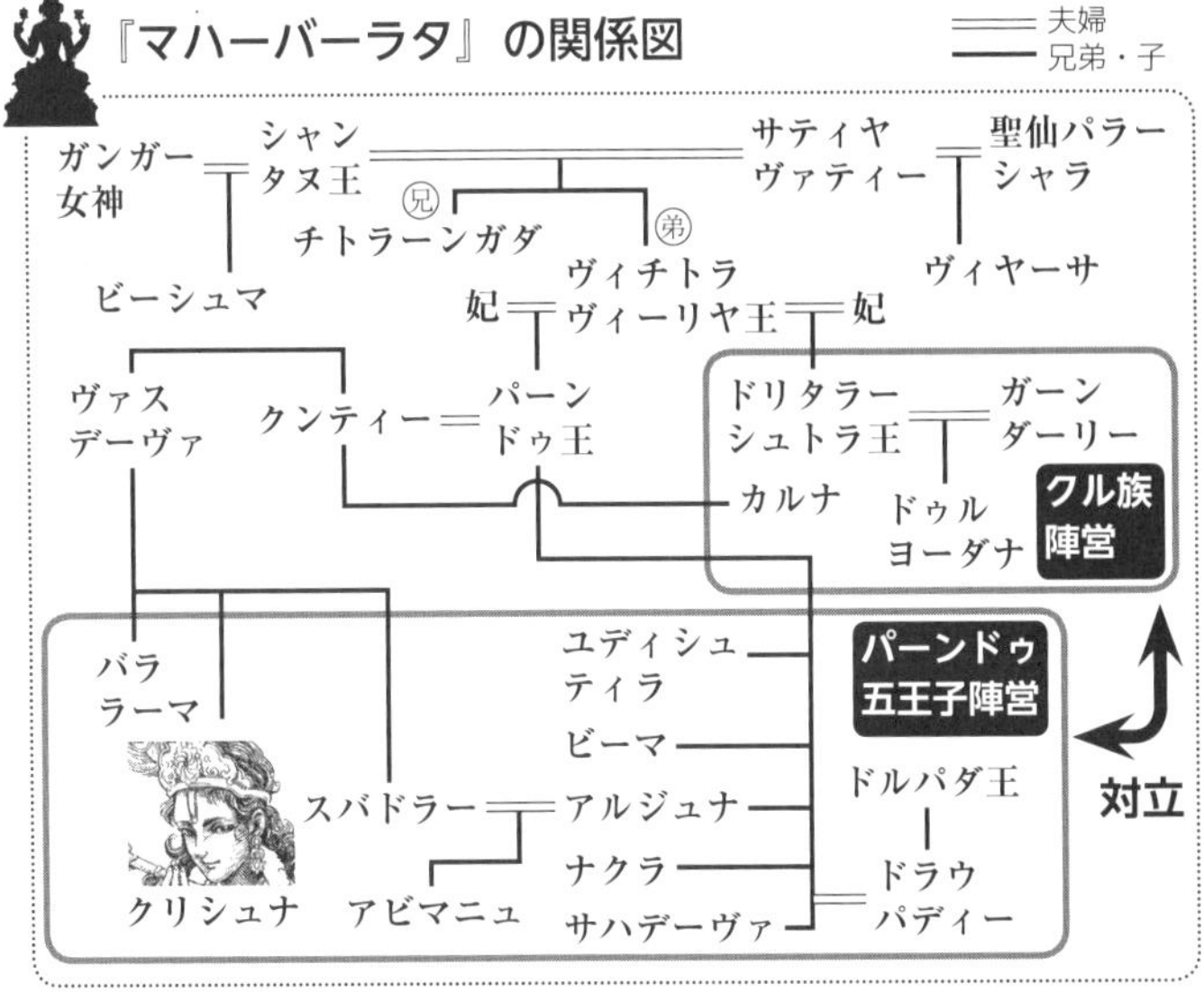

ガンガーは、呪いによって人間に生まれることになった神々をすぐに天界に戻すため、自らが地上に降りて彼らの母となり、生まれてすぐ川に沈めたのでした。理由を知ったシャンタヌ王はガンガーに詫びますが、ガンガーは子供を連れたまま川に入って消えてしまいました。

―徳高き王子ビーシュマ―

7年後、ガンガーは成長した息子をつれてシャンタヌ王のもとに戻ってきました。王はとても喜び、3人は幸せに暮らしました。息子は文武両道に優れた王子となり、国は安泰かと思われました。

しかし、運命のいたずらか。シャンタヌ王は、サティヤヴァティーという漁師の娘に熱烈な恋をして、彼女に結婚を申し込みました。しかし彼女が出した結婚の条件は、「私の息子を王にすること」だったのです。既にガンガーとの間に素晴らしい息子がいた王はとても悩み苦しみます。父の苦しみを知った王子は、父のために王位継承権を捨てることと、生涯独身を貫き、子をつくらぬことを宣言して、父をサティヤヴァティーと結婚させたのでした。王子はそのことからビーシュマ（恐るべき人）と呼ばれるようになりました。

その後、サティヤヴァティーは息子を2人生み、父王の死後彼らが跡を継ぎましたが、どちらもすぐに亡くなってしまいました。このままだと王家は途絶えてしまいます。困ったサティヤヴァティーは、過去に生んだ、父が違うもう一人の息子である聖仙ヴィヤーサに、既に亡くなった息子の妻たちに子種を与えて欲しいと頼んだのです。こうして生まれたのが、ドリタラーシュトラとパーンドゥという2人の兄弟でした。

――パーンドゥ王の5人の息子――

さて、兄のドリタラーシュトラは盲目だったため、パーンドゥが王となりました。パーンドゥ王には2人の妃クンティーとマドゥリーとの間に5人の王子、ドリタラーシュトラには百人の王子がいました。

インド神話 豆知識
古代では、夫が先立ったとき家系が途絶えぬよう、高貴なバラモンや兄弟から子種をもらうことは認められていたらしい。サティヤヴァティーは、もう一人の息子聖仙ヴィヤーサに子種を願った。

『マハーバーラタ』にまつわるアート

シャンタヌ王とガンガー（by ワーウィック・ゴブル）

戦場でチャクラを掲げるクリシュナ

五王子の名前は、長男がユディシュティラ、次男がビーマ、三男がアルジュナ、四男と五男が双子でナクラとサハデーヴァといいました。実はパーンドゥ王は呪いのために子を成すことができず、クンティーの持つ特別な力によって、神々から息子を授かりました。

ユディシュティラは正義感が強く、法を守るダルマ神の息子。ビーマは力持ちで風の神ヴァーユの息子、アルジュナは弓の名手でインドラの息子でした。また、もう一人の妃マドゥリーも、クンティーの力で聡明な双子のナクラとサハデーヴァを授かりました。2人はアシュヴィン双神の息子で、見目麗しく、剣の使い手でした。兄弟はとても仲が良く、文武両道に優れた素晴らしい王子に成長しました。

あるとき、パーンドゥ王は過去に聖仙にかけられた呪いが原因で死んでしまいます。そのため目の不自由なドリタラーシュトラが王となりました。彼の息子の百王子たちは、従兄弟である五王子の力に嫉妬していました。特に長兄のドゥルヨーダナは狡猾で、ことあるごとに五王子を追いつめたのでした。

――ドラウパディーとの結婚――

ドゥルヨーダナたち百王子からの嫌がらせは激しくなり、ついにビーマは毒で暗殺されそうになります。度重なる陰謀によって宮殿を燃やされ殺されそうになった五王子たちは、このままここにいては危険だと考え、火事で死んだことにして身分を隠して他国を巡ることにしました。

あるとき、パーンチャーラ国の美姫、ドラウパディーの婿選びの儀式（スヴァヤンヴァラ）に出席することになったアルジュナは、得意の弓で勝負に勝ち、見事姫を得ることができました。ドラウパディーの父王はアルジュナの正体を知り、喜んで娘を渡したのでした。その後家に戻ったアルジュナは、母のクンティーに土産があることを告げると、何を得たのか知らなかった母は「5人で仲良く分けなさい」と命じました。その言葉通りド

インド神話豆知識
ドリタラーシュトラの妻は、2年という長い妊娠期間のあとに大きな肉塊を生んだ。聖仙の助言により肉塊を細かく分けギーに2年漬けると、ドゥルヨーダナなど百人の息子と1人の娘が生まれた。

ラウパディーは五王子の共通の妻となったのでした。

パーンドゥ王の息子たちが実は生きていて、強力なパーンチャーラ国の姫を妃にしたことを知ったドゥルヨーダナは激怒しますが、五王子たちに相応しい財産を与えるようにとビーシュマたちに説得され、彼らを迎え入れます。ドゥルヨーダナの父であるドリタラーシュトラは、甥の五王子たちに土地を提供し、そこに新たな国と都をつくるように伝えました。その土地は、五王子の活躍により素晴らしい都となり、インドラプラスタと呼ばれ繁栄したのでした。

――罠にはまったユディシュティラ――

インドラプラスタの王となった長兄ユディシュティラはとても有能で、国はどんどん栄えました。ビーマが、大帝国であったマガダ国のジャラーサンダ王を倒したことで、国の実力は認められました。偉大な王として即位し、マガダ国も支配下に置いたユディシュティラの評判は高まるばかりでした。インドラプラスタに招かれたドゥルヨーダナは、都の繁栄を目の当たりにして驚き、より一層嫉妬を募らせ、奸計を張り巡らせます。

あるとき、ユディシュティラはドゥルヨーダナの叔父シャクニの策略により、賭博に誘われ、まんまと罠にはまってしまいます。ユディシュティラは賭博の虜となり、全ての財産、王位、ついに王国と、兄弟たちや妃のドラウパディーまで賭けてしまったのです。

ドラウパディーは広間に引きずり出されて服を剥がされる屈辱を受けますが、神（クリシュナ）の力によって服がどんどん出てくるので、裸になることはありませんでした。それを見たドリタラーシュトラ王は神を恐れ、ドラウパディーに、夫のユディシュティラが失った財産を返しました。このときドラウパティーは自らを辱めたクル族に復讐を誓います。

しかし、賭博に取り憑かれたユディシュティラは、またもや挑発にのって賭けを行い、せっかく取り戻した全ての財産を失ってしまったのです。12年間王国を出て放浪し、13年目には身分を偽り隠遁して暮らすようにと条件を出された五王子たちは、従うしかありませんでした。

——13年間の王国追放——

荒野での生活は辛いものでしたが、五王子たちを慕った人々が会いに来ましたし、彼らも修行をして知見を深め、有意義なものとなりました。アルジュナは修行中に、狩人に扮したシヴァ神と戦います。その力を認められたアルジュナは、シヴァ神からパーシュパタ（あるいはブラフマシラス）という世界を滅ぼす力がある偉大な武器を授かりました。その後彼は実の父であるインドラ神に導かれ、天界で5年間過ごしたのでした。

インド神話ギモンと考察
サティヤヴァティーは漁師に育てられたが、実は呪いのために魚の姿をしていた天女アドリカーと、マツヤ国王の間にできた娘だった。王が水に落とした精を飲んだアドリカーが妊娠したのだ。

column インド神話こぼれ話

パーンドゥ王の個性豊かな五王子

パーンドゥ王の五王子は神の息子でもあり、それぞれの個性も豊かだ。長男のユディシュティラは正義感が強い品行方正なリーダータイプ。平和が一番だと思っている。次男のビーマは好戦的で力持ちで、食べることが大好き。戦うときは木を引っこ抜いてブンブン振り回す。戦闘なら俺にまかせろ！な気質。三男のアルジュナは、弓が得意な青年。クリシュナの友人で、シヴァと対等に戦ったこともある。女装して後宮に潜り込んでいたことも。双子のナクラとサハデーヴァは若干影が薄いが、兄たちのサポート役として活躍する。五兄弟は皆イケメンだが、ナクラは特に超絶美男子だったらしい。

13年目になり、五王子たちは身分を隠してマツヤ国の宮廷に潜り込むことにしました。ユディシュティラは遊び人に扮し、ビーマは料理人に、アルジュナは宦官として女装し、後宮で舞踊と歌の教師に、ナクラは御者に、サハデーヴァは家畜番、ドラウパディーは王妃の侍女として、それぞれが変装し、静かに過ごしていました。

　しかし、ドラウパディーの美貌に、王妃の弟キーチャカが目をつけ、彼女を無理やり手に入れようとします。キーチャカは逃げたドラウパディーを追い回し、皆が見ている前で彼女を蹴り飛ばしました。辱められたドラウパディーは、料理人に化けていたビーマにキーチャカを倒すようにと願い、怒ったビーマはキーチャカを暗殺したのでした。

キーチャカはビーマと同じくらい強く、大将軍としてマツヤ国を守ってきた英雄でもありました。彼の突然死に周囲の国々は色めき立ちました。キーチャカを失ったマツヤ国は、侵略を目論む国々の軍隊にあっというまに囲まれてしまったのです。責任を感じた五王子たちは、正体を隠したままマツヤ国の軍を指揮しました。

王子とともに出撃した女装したアルジュナは、隠してあった武器を取り、敵と戦います。実はマツヤ国を襲った軍には、ドゥルヨーダナたちも参戦していました。本気を出したアルジュナにかなうはずもなく、ドゥルヨーダナたちは撤退することになりました。

ちょうど13年の追放期間が終わった五王子は、ついにマツヤ国の王に正体を明かしました。王は国を救ってくれた英雄たちが偉大な王とその兄弟だったことに喜び、アルジュナに王女を妃にと願い出ます。しかし王女の教育係でもあったアルジュナは断り、自分の息子の妻にすることにしました。

追放期間が終わり、国に戻ろうとした五王子たちでしたが、ドゥルヨーダナは五王子から取りあげた財産や国を返すつもりはありませんでした。「たった5つの村でもいいから戻してくれ」というユディシュティラの願いも受け入れません。ドゥルヨーダナは長老ビーシュマたちからも非難されますが、頑なに意見を変えませんでした。

インド神話豆知識
アルジュナは、天界に招かれたとき、ウルヴァシーの求愛を断ったために性的不能になる呪いを受けたが、インドラによって期間限定の呪いにされ、マツヤ国での女装時代を無事過ごすことができた。

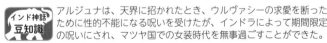

ユディシュティラたちの評判は高く、マツヤ国をはじめとする周辺国はこのままだとクル族を中心に大戦争が起こるだろうと考えました。そこでアルジュナの友人であるクリシュナは、五王子の使者としてドゥルヨーダナに会うため、都のハスティナープラに赴きます。しかしあろうことかドゥルヨーダナは、約束を守るようにと諭すクリシュナに危害を加え、捕らえようとしました。クリシュナの説得は失敗したのです。

──もう一人の王子カルナ──

戦争は避けられない事態になり、アルジュナたちの母クンティーは深く悩みます。ドゥルヨーダナの陣営には、秘密にしていたもう一人の息子であるカルナがいたからです。

クンティーは幼い頃、聖仙から特別な力をもらっていました。神の子を授かることができるという呪文です。クンティーはパーンドゥ王に嫁ぐ前にこっそりと秘密の呪文を使ったことで、太陽神スーリヤの子供を生んでいました。その赤子は太陽神の力によって、生まれながらに黄金の武具と耳環をつけていました。

でも、未婚で子供を産んでしまって恐ろしくなったクンティーは、赤子を箱に入れて川に流してしまいました。その後ドリタラーシュトラの御者に拾われた赤子は、天性の資質もあり素晴らしい青年に成長したのでした。

カルナは、都で行われた馬上試合で素晴らしい成績をおさめ、アルジュナと対決する予定でしたが、御者の子という身分のせいで戦いが認められませんでした。その戦いをドゥルヨーダナに認められ国を得て、アンガ国の王となっていたカルナは、ドゥルヨーダナに生涯仕えることを決めていたのでした。彼はその後ドラウパディーの婿選びの儀式にも出席していましたが、乱入したアルジュナに勝負を決められてしまい、苦い思いをしていたのです。

クンティーはカルナのもとに行き、自分が本当の母であることを告げ、パーンドゥの息子たちと一緒に、王子としての恩恵を受けて欲しいと願いました。しかしカルナは既に自らの出自を父の太陽神から聞いていました。カルナは「仲間を裏切ることはできません。血が繋がっていても私は宿敵のアルジュナを倒します。ただ、他の王子は殺さないことにしましょう」と告げ、実の母であるクンティーの申し出を拒絶したのでした。

カルナのもとには、クンティーが来る前にクリシュナも訪れていました。カルナの出自を知っていたクリシュナは、「そなたはクンティーの息子だ。五王子の兄として全ての財産も国も与える。本来そなたが得るはずだった名誉も全て。だから考え直して彼らのもとに来てくれないか。このまま戦争すればクル族は滅んでしまうだろう」とカルナを説得しました。しかしカルナはその申し出も断ったのでした。

インド神話豆知識
ドラウパディーは生まれたとき「クシャトリヤに破滅をもたらす」と予言されていた。ドゥルヨーダナたちに辱められた彼女は、五王子に彼らを倒すよう願っているし大戦争の原因の一つともいえる。

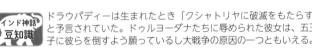

column インド神話こぼれ話

不幸なカルナ

カルナは、自分の身分はバラモンだと偽り、聖仙パラシュラーマのもとで修行していた時期があった。でも正体がばれて、「肝心なときに大切な知識を失う」という呪いを受けてしまう。またカルナは、生まれながら身につけていた黄金の鎧を、バラモンに化けたインドラに与えていた。カルナの潔い行為を喜んだインドラは、鎧の代わりに最強の槍を与えた。でもその武器は一度きりしか使えなかった。カルナはアルジュナと対戦する前に、ビーマの息子である巨人ガトートカチャにその武器を使ってしまう。頼みの武器も使えず、呪いもある。カルナは勝ち目がない状態だと知りつつも、アルジュナと対決したのだ。

――戦争のはじまり――

アルジュナとドゥルヨーダナは、クリシュナのもとに行き、彼を自分の陣営に誘いました。中立を決めていたクリシュナは、アルジュナの御者として戦争に参加するが、軍隊はドゥルヨーダナに渡すと決めます。

戦争がはじまり、いよいよ両陣営がクルクシェートラでまみえることとなりました。

アルジュナは目の前に広がる戦場の様子に打ちひしがれます。敵陣営には伯父や従兄弟、良き教師でもあったドローナや長老ビーシュマもいるのです。身内で戦うことの虚しさに戦意を喪失したアルジュナは、クリシュナに自分の想いを伝えます。しかしクリシュナは、アルジュナにこの世の真実を説きました。

「人には生れながらに持った使命があり、それを果たさなければならない。クシャトリヤ（戦士）として生まれたのであれば、戦わなければならない。人はいつか死ぬ。戦うことが運命であればそれをまっとうせよ。また、神は無限であり、死ぬことはない。実は死は無ではないのだ。人は神を信じることで、自分の中に神があることを知る。つまり、自分自身も神であることを知れば何も恐れることはない。一心に神を信じよ！」と。

そう言ってクリシュナは、神としての偉大な姿をアルジュナの前に表しました。真実を知ったアルジュナは励まされ、自らの役割を果たすため馬車を走らせたのでした。

戦争は熾烈を極め、両者の力は一進一退しました。両陣営は神々から授かった武器を使いこなしたので、天から矢が降り注ぎ、地上は炎に覆われました。多くの兵が死に、戦場は屍体で埋まりました。五王子の良き師であり、ガンガーの息子であるビーシュマは強敵でしたが、アルジュナの矢によって倒れました。アルジュナの息子アビマニュも壮絶な最期を迎えます。

そしてついに戦争が始まって16日目には、カルナとアルジュナが対峙しました。

アルジュナは御者のクリシュナの助言通りに、カルナの馬車が動かなくなった隙を狙って矢で攻撃しました。カルナは過去に聖仙から受けた呪いのためうまく矢を撃つことができず、アルジュナの矢を受けて倒されました。その後、ドゥルヨーダナもビーマと決闘し、

インド神話 豆知識
アルジュナはクリシュナの妹スバドラーを妻にした。2人の間に息子のアビマニュがいたが、大戦争で敵に囲まれ惨殺された。復讐を誓ったアルジュナは、息子を殺したジャヤドラタを１日で倒した。

太腿を砕かれて倒されたのでした。

――悲しい結末――

18日間続いた凄惨な戦は、五王子の陣営が勝ったかに見えました。

しかし、ドゥルヨーダナ陣営には、過去に五王子たちの師匠だったドローナの息子、アシュヴァッターマンが生き残っていました。シヴァの加護を受けた彼の夜襲により、五王子たちの息子も殺され、残された者たちは嘆き悲しみます。

また、五王子たちも勝つために手段を選ばず、場合によっては卑怯な手を使ったことを悔いていました。正義の人と言われたユディシュティラも嘘をつき、結果、師匠ドローナを殺すことになりました。アルジュナも、カルナの馬車が動かないときを狙って倒しました。またビーマも、戦いのとき下半身を狙うのは良くないことだと知りながら、過去の誓いを守るためにドゥルヨーダナの足を狙いました。

戦死者を弔ったあと、ユディシュティラたちは都ハスティナープラに戻り、良き王となり国を治めました。その後、クリシュナが亡くなり、五王子たちは死期を悟りヒマラヤに登り、一人、また一人とこの世を去っていきました。彼らは父である神々のもとに集い、輪廻のない世界で幸せに暮らしたそうです。

神の歌『バガヴァッド・ギーター』

戦の前のクリシュナとアルジュナの問答は、『バガヴァッド・ギーター』（神の歌）と呼ばれている。ヒンドゥー教で最も重要な聖典とされていて、あのガンジーも心の拠り所にしていたという。何がそこまですごいのかというと、「祭祀をしなくても神に祈れば通じる。神はどこにでもいて、様々に形を変えて現れる。実は気づいていないだけで自分も神なのだ」という思想をわかりやすく提示したからだと考えられる。この思想は仏教にも取り入れられ、如来蔵思想に発展し、日本人の思想にも影響を与えたという説もあるらしい。

バラモン教時代、宇宙の最高原理（梵）と自己の存在原理、生命や霊魂（我）は同じという「梵我一如」の思想が生まれた。ただ、この考えは抽象的すぎて理解できない人が多かった。『バガヴァッド・ギーター』では、その「宇宙の最高原理」が「クリシュナ＝ヴィシュヌ」なのだと明確に答えを出した。最高神であるクリシュナに一心に祈りを捧げれば救われるというわかりやすい教えは、一気にインド中に広まったのだ。

クリシュナとアルジュナ

インド神話ギモンと考察
『マハーバーラタ』の大戦争は、大地の重み（人間など生物たち）を取り除くため、神々が起こした大戦争だったらしい。登場人物たちは皆神性があり、役割を果たして死を迎え天界へと帰っていく。

第2章

インド神話の神々

～ヴィシュヌ、シヴァの眷属、古き神々……個性豊かな神様たち～

ヴィシュヌ

化身となり人々を救う最高神の一柱

Profile Data

発音
Viṣṇu

サンスクリット
विष्णु

別名
ナーラーヤナ（原初の海に浮かぶもの）、ヴァースデーヴァ（クリシュナ）、那羅延天、毘紐天

持ち物
円盤（チャクラ）、棍棒（カウモーダキー）、左巻きの法螺貝（パーンチャジャニャ）、蓮の花

乗り物
ガルダ、アナンタ

ヴィシュヌは『リグ・ヴェーダ』の時代では太陽の輝きを表す神で、３歩で天、空、地を歩いたという物語がありますが、当時はそれほど重要な神ではありませんでした。しかし現在ではとても人気が高く、シヴァと並んで信仰されています。

ヴィシュヌは、人々を救うために化身（アヴァターラ）として地上に生まれ変わります。ヴィシュヌの化身には、『ラーマーヤナ』のラーマ王子や『マハーバーラタ』の英雄クリシュナがいます。ヴィシュヌに人気が出たのは、これら叙事詩の力が大きく、クリシュナ信仰などの土着の人々に人気があった思想をうまく取り入れた叙事詩が、インド全土に広まったからだと言われています。

ヴィシュヌ派の聖典では、インドラのようなバラモン教時代に偉大だった神々は、「実はヴィシュヌの力を借りていた」ことになっています。同じく世界の創造主であるブラフマーは、ヴィシュヌから生まれたことになりました。

U字マーク
(ヴィシュヌのマーク)
竜王アナンタ
(シェーシャ)
円盤
(スダルシャナ・チャクラ)
法螺貝
(パーンチャジャニャ)
棍棒
(カウモーダキー)
蓮の花
原初の海
肌は青い場合と白い場合があり、青色ならクリシュナをイメージしている。4本の腕と額のU字が特徴。

まだ世界が原初の海に覆われていたとき、ヴィシュヌは竜王アナンタ（シェーシャ）の上で眠っていました。あるとき、ヴィシュヌの臍から蓮の茎が伸び、美しい蓮の花が咲きました。蓮の花の中からはブラフマーが現れました。世界を創造したブラフマーは、ヴィシュヌから生まれたのです。その後、ヴィシュヌの額からシヴァが生まれました。

この世界創造の物語では、宇宙の中心は創造神ブラフマーではなくヴィシュヌです。大蛇の上で横たわるヴィシュヌと、足元にいる妻のラクシュミーの姿は、現在でも好んで描かれています。

ヴィシュヌは化身となりこの世に現れますが、化身の数は10とも20とも言われています。ここでは最も有名な10の化身をご紹介します。

マツヤ

Matsya

मत्स्य

—第1の化身— 大洪水から人々を救う魚

あるとき、王仙サティヤヴラタが川で祭祀を行っていると、彼の手に小さな魚が飛び込んできました。小さな魚は「私を守ってください」というので、彼は魚を壺に入れて持ち帰り、家で飼うことにしました。しかし魚はあっというまに大きくなってしまいました。壺の大きさを変えても、どんどん育ってしまいます。

インド神話 豆知識 インド神話の物語は聖典によってオチが違う。シヴァを推す聖典では、魔神ヒラニヤカシプを倒したヴィシュヌの化身ナラシンハ（人獅子）は、有翼の獅子シャラバの姿をしたシヴァに倒される。

ヴィシュヌにまつわるアート

ヴィシュヌ派の物語では、ヴィシュヌからブラフマーとシヴァが生まれたとされている。

原初の海に横たわるヴィシュヌを、全ての神々が称えている。寝床は竜王アナンタ。足元にはラクシュミーがいる。

ついに魚を家に置けなくなってしまった王仙は、仕方ないので魚を海に放つことにしました。しかし、そのとき魚は、「7日後に大洪水が起こるでしょう。私が大きな船をこちらに送るので、あなたは船に乗せる聖仙たちと、ありとあらゆる生き物や植物の種を集めるのです。その船を大蛇で私の角に結びつけなさい」と告げました。

魚の言う通りに準備していると、予言通り大洪水が起こり、世界中が水没してしまいました。サティヤヴラタは魚が持ってきた巨大な船に乗り込み、大蛇の姿をした竜王ヴァースキを魚の角に結びつけました。なんと、魚はヴィシュヌだったのです。サティヤヴラタたちは洪水から自分たちを救ったヴィシュヌを褒め称えたのでした。

クールマ

Kūrma

कूर्म

─第2の化身─ 乳海攪拌のとき、マンダラ山を乗せた巨大な亀

むかしむかし、不死の薬アムリタを手に入れるため、神々と魔神たちはマンダラ山を軸にして、お互いに綱を引っ張りながら海をかき混ぜました。しかしあまりの力に海の底に穴があき、山が沈みそうになりました。ヴィシュヌは大きな亀に姿を変えて海に潜り、軸となる山を甲羅で支えたのです。そのおかげで海の水から様々な宝が生まれ、神々はアムリタを得ることができたのでした。（→160ページの乳海攪拌事件へ）

ヴァラーハ

Varāha

वराह

─第3の化身─ 大地の女神を抱く猪

むかしむかし、大聖仙カシュヤパと妻のディティとの間に、2人の子供が生まれました。2人は魔神（アスラ）で、とても強く、成長すると神々と戦いをはじめました。そのうち、兄のヒラニヤークシャ（黄金の目を持つもの）は、大地を掴んで海に沈めてしまいました。

さてブラフマーの息子マヌは、大地がなくなったことに驚き、父に訴えました。マヌは地上に住んでいて、大地の女神を崇拝していたのです。困ったブラフマーが聖仙たちとヴ

インド神話ギモンと考察

この亀はアクーパーラという亀だとも造物主プラジャーパティだとも言われている。乳海からは美と富の女神ラクシュミーや聖なる牝牛など様々な宝物が生まれた。詳しくは160ページを参照。

ィシュヌに祈りを捧げると、ヴィシュヌの鼻の穴から小さな猪が飛び出しました。ヴィシュヌの化身である猪はどんどん大きくなり、自らの牙で海に沈んだ大地を持ちあげたのです。魔神ヒラニヤークシャはその姿を見て驚き、巨大な猪に戦いを挑みますが、あっというまに倒されてしまいました。

ナラシンハ

Narasiṃha

नरसिंह

―第4の化身―魔神を八つ裂きにする人獅子

ヴィシュヌに倒されたヒラニヤークシャという魔神には、ヒラニヤカシプという弟がいました。彼は兄を殺したヴィシュヌに復讐を誓い、厳しい苦行を行って、不死の力を得ようとしました。ヒラニヤカシプの苦行は凄まじく、苦行から生じた炎で世界が滅びそうになったので、ブラフマーは彼の願いである「魔神にも神にも人にも獣にも殺されない」という不死の力を与えることにしました。

力を得たヒラニヤカシプはあっというまに世界を征服しました。さて、世界の王となったヒラニヤカシプですが、彼の息子のプラフラーダは魔神族であるにもかかわらず、ヴィシュヌを崇拝していました。ヒラニヤカシプは息子の信仰を知り激怒し、生意気な息子を殺そうとしますが、ヴィシュヌの力に守られた息子を傷つけることができません。息子は逆に「ヴィシュヌ様はどこにでもいらっしゃるのです」とヴィシュヌの偉大さを語りました。余計に怒ったヒラニヤカシプが「じゃあここにもいるのか！」と近くの柱を壊すと、そこから半身がライオン、半身が人間の姿のヴィシュヌが現れ、ヒラニヤカシプを八つ裂きにしたのでした。

ヴィシュヌは人獅子という「魔神でも神でも人でも獣でもない生き物」になり、ヒラニヤカシプを殺し、魔神から神々の世界を取り戻しました。

ヴァーマナ

Vāmana
वामन

―第5の化身―天を跨ぐ矮人（こびと）

ヒラニヤカシプの子孫である魔神バリは、インドラに倒された父の仇を討ちたいと願い、有力なバラモンの一族であるブリグ族の弟子になり修行し、無敵の力を得ました。バリはあっというまにインドラの住む都を征服し、天界、地上界、地底界の三界を支配しました。バリは三界を平和に治めたので、人々から「マハーバリ」（偉大なバリ）と呼ばれて慕われたのでした。

しかし、住処《すみか》を追い出された神々は、自分の世界を取り戻したくてヴィシュヌに祈りました。ヴィシュヌは神々の願いを聞き届け、神々しい姿の矮人《こびと》（ヴァーマナ）として生ま

インド神話ギモンと考察
猪の姿の神が大地を救う、というのはかなり昔からある神話のモチーフで、非アーリヤ系の土着の「聖なる豚」への信仰が発展したものであるらしい。猪や豚は多産なので豊穣と結びつくようだ。

column インド神話こぼれ話

人気者の魔神マハーバリ

魔神マハーバリは現在でもとても人気があり、ケーララ州では年に一度地上に戻ってくるマハーバリを祝うオーナム祭がある。地面に生花でプーカラムという美しい吉祥模様を描き、虎に仮装した人々が街を練り歩くことで有名なのだ。

れ変わり、バリのもとへ出かけていきました。バリは矮人をたいそう気に入って、彼の師が止めるのも聞かず「なんでも望みのものを与えよう」と約束してしまいました。

矮人は「では3歩で歩けるだけの土地をください」と願います。謙虚な矮人の願いに満足したバリは願いを聞くことにしました。しかし矮人は突然巨大になり、1歩目で全地上を踏み、2歩目で天界全体を跨いだのです。

魔神たちはヴィシュヌの詐欺まがいの行為に怒りましたが、バリは彼らを諫めました。3歩目の足をどこにおけばいいかと聞くヴィシュヌに、バリは「約束通り3歩分の場所を差しあげます。私の頭の上に足を置いてください。高慢だった私の目を覚ましてくださったのですから」と頭を差し出しました。

ヴィシュヌは、立派な心を持っているバリを賞賛し、地底界をバリに渡しました。バリはヴィシュヌに感謝し、魔神たちとともに地底で暮らすことにしたのでした。

パラシュラーマ

Paraśurāma
परशुराम

―第6の化身―斧（パラシュ）を持ったラーマ

聖仙ジャマダグニは、あるとき庵を訪れたハイハヤ国のカールタヴィーリヤ・アルジュナ王たちを、聖なる牝牛カーマデーヌが出した宝物で手厚くもてなしました。聖なる牝牛は、願ったものをなんでも出してくれる素晴らしい力があったのです。しかし欲を出した王は牝牛を奪い、都であるマーヒシュマティーに帰ってしまいました。

聖仙の息子であるパラシュラーマは、大切な牛が奪われたことを知り、斧（パラシュ）を持って都へと向かいました。彼は王の軍勢と戦い、王を殺して牝牛を取り戻しました。しかし、牝牛を連れて帰ったパラシュラーマは、王を殺した大罪をつぐなうために修行せよと父にたしなめられ、家を出て行きました。

その後、アルジュナ王の息子たちは、父を殺された報復のために、聖仙を殺してしまいました。留守中に父を殺され激怒したパラシュラーマは、また都に行き、王子たちだけで

インド神話ギモンと考察 シヴァの武器パラシュ（斧）を持ったバラモンがクシャトリヤを皆殺しにしました、という少々物騒なお話。クシャトリヤとバラモンとの力関係や、政治的な関係がうかがえる物語かもしれない。

はなく国にいた全てのクシャトリヤの男を殺したのでした。パラシュラーマはその後21回もクシャトリヤを殲滅しました。

ジャマダグニはパラシュラーマに供養され、七聖仙の一人となりました。

ラーマ Rāma राम ―第7の化身― 叙事詩『ラーマーヤナ』の主人公、ラーマ王子

コーサラ国のラーマ王子は、だれもが認める素晴らしい人物でした。しかし、王位を継ぐ直前に国を追われ、妻や弟とともに森で暮らすことになりました。ラーマは、魔王ラーヴァナにさらわれたシーターを奪還するため、猿族のハヌマーンなどの協力を得て、無事シーターを取り戻しました。（→詳しくは92ページの「ラーマ」へ）

クリシュナ Kṛṣṇa कृष्ण ―第8の化身― 叙事詩『マハーバーラタ』の英雄クリシュナ

クリシュナは、ヤーダヴァ族のヴァスデーヴァ王子の息子として生まれました。しかし、叔父であるカンサに命を狙われ、牛飼いに育てられます。生まれたときから不思議な力があったクリシュナは、カンサが差し向けた刺客を次々と倒しました。その後立派な青年に

成長したクリシュナは、カンサを倒し、ヤーダヴァ族の王となりました。『マハーバーラタ』ではアルジュナの良き友人として登場し、クル族の大戦争に御者として参戦します。（➡詳しくは86ページの「クリシュナ」へ）

ブッダ

Buddha
बुद्ध

第9の化身 悪しき者たちに不道徳な教えを説いた神

昔、神々と魔神たちとの戦いで、神々が負けたことがありました。魔神たちに悩まされた神々を救うために、ヴィシュヌはシュッドーダナ王の息子として地上に生まれました。王子は、聖なるヴェーダを尊重せず、異端者となりました。王子は悪しき教えである「仏教」を広め、彼に導かれた魔神たちは仏教徒となり、ヴェーダの宗教を捨ててしまいました。彼らはヴェーダの祭式を行わず、神を信じなかったため、力を失ってしまい、地獄に落ちるにふさわしい存在になったのです。そしてこの世界は終末へと向かっていくのです。

カルキ

Kalki
कल्कि

第10の化身 新しい世界をつくる白馬に乗った神

世界の終末期である「カリ・ユガ期」の終わり、人々はヴェーダを唱えなくなり、神々

インド神話豆知識
ヴィシュヌの化身は同じ時代に何人もいる。ラーマ王子の兄弟たちは、全員がヴィシュヌの神性を受け継いでいるし、パラシュラーマは、『ラーマーヤナ』にも『マハーバーラタ』にも登場している。

column インド神話こぼれ話

仏教との微妙な関係

仏陀がヒンドゥー教の主神ヴィシュヌの化身とされているのは奇妙な気がするが、仏教人気を取り入れたかったバラモンたちの苦肉の策なのかもしれない。第９の化身には諸説あり、クリシュナの兄のバララーマ（竜王アナンタ）だという説もある。

メトロポリタン美術館の菩薩像（1～3世紀）。北西インド（現在のパキスタン）では仏像が多くつくられた（ガンダーラ美術）。

への祭式も行わなくなります。ダスユ（非アーリヤ系の土着の人々）がはびこり、ヴェーダが定めた聖なる身分制度が崩れ、世界中が混乱を極めます。王を装ったムレッチャ（外国人。ヴェーダの教えを守らない人たち）が人間を食らい、宗教でないものが宗教のようにはびこります。道徳が失われた世界に、ヴィシュヌはカルキとして生まれます。カルキは理想的な王となり、蛮族たちを倒し、悪、不道徳、不法を滅ぼし、新しい世界をつくります。

現在はまさにカリ・ユガ期になるそうです。つまり終末を導くカルキが現れるのは未来のこと。カルキは白い馬に乗って剣を持った姿か、白馬の頭を持つ神の姿で描かれます。

クリシュナ

ヴィシュヌの8番目の化身にして『マハーバーラタ』の英雄

Profile Data

発音
Kṛṣṇa

サンスクリット
कृष्ण

別名
ヴァースデーヴァ、ゴーヴィンダ（牛たちの主）、ゴーパーラ（牛飼い）、マーダヴァ（春を運ぶ者）、ケーシャヴァ（輝く者）

持ち物
牛飼い時は横笛、幼少時はミルク壺、その他はヴィシュヌと同じ

乗り物
白いこぶ牛、孔雀

クリシュナは最も人気がある神様の一人です。『マハーバーラタ』に登場する英雄でもあり、クリシュナこそがヴィシュヌそのものであると信仰している人たちもいます。クリシュナは紀元前に存在したヤーダヴァ族の精神的指導者だったと言われています。死後、自らが説いた神バガヴァッドと同一視され、その勢力を取り入れようとしたバラモン教によってヴィシュヌの化身とされました。クリシュナを代表する3つの物語をご紹介します。

物語1 クリシュナの誕生

あるとき、地上では魔族が勢力をのばし、大地の女神や神々は困っていました。その様子を見たヴィシュヌは、人間の世界に生まれ変わることを決めました。ヴィシュヌを助けるために、天女たちは牛飼い女に、ヴィシュヌを守護する竜王アナンタは彼の兄として、ともに人間の世界に降りたのです。

インド神話ギモンと考察 インドのクリシュナ人気は絶大。特に赤ちゃんの「ベビークリシュナ」はミルク壺を抱える愛らしい絵姿が山ほどある。男の子の赤ちゃんにクリシュナの格好をさせて写真をとることもあるらしい。

牛飼いのクリシュナ。横笛の名手で、孔雀や牛を連れていることもある。イケメンすぎて、女性は皆恋に落ちるという。クリシュナには黒という意味がある。

さて、地上では、ウグラセーナ王の息子であるカンサ王子は、「シューラセーナ国のヴァスデーヴァ王子の8番目の息子が、いずれおまえを殺すだろう」という不吉な予言をうけました。カンサはとても驚きました。彼はまさに、妹のデーヴァキー姫とヴァスデーヴァ王子を乗せた馬車を御していたからです。2人は結婚したばかりでした。カンサはすぐに妹を殺そうとしますが、ヴァスデーヴァは「生まれてくる男子を全て渡す」という約束をして、新妻の命を救います。

その後自らが王となったカンサは、2人を監禁して、生まれてくる男子を次々に殺しました。しかし、7番目の子供は女神の力によってヴァスデーヴァの別の妻の胎に移され、無事生まれました。彼は竜王アナンタの化身で、バララーマと名づけられました。そして8番目の子供は、生まれるとすぐに不思議な力によって牢から助け出されました。彼こそがヴィシュヌの化身、クリシュナです。

幼いクリシュナは、牛飼いの子として育てられました。いたずらが大好きなクリシュナは、バターをつくるミルク壺を盗んで中身のバターを食べ、継母のヤショーダーに怒られることも。牛飼いたちはかわいいクリシュナの成長を微笑ましく見守ったのでした。

物語2 カンサ王を倒し両親を救い出す

インド神話豆知識

牛飼いの頃のクリシュナは女性にモテモテの美青年だった。彼は分身をつくり、自分に思いを寄せる全ての女性の相手をしたとか。王になったクリシュナには、16108人の妻がいたという。

クリシュナが逃げたことを知ったカンサ王は、近隣の村や街に住む男児を殺すことを決め、ラークシャサ族の女刺客プータナーを送りました。刺客はクリシュナを見つけると、彼の母代わりに毒の乳をあげようとしました。しかしクリシュナは、すごい力で乳を吸出し、命まで吸われた刺客は死んでしまいました。他にもカンサ王の刺客はいたのですが、全てクリシュナが退治してしまいました。クリシュナには生まれつき不思議な力があったのです。

あるとき、ヤムナー川に竜王カーリヤたちが住み着き、毒で川を汚しました。困った人々を見て、クリシュナは自分でカーリヤを退治しようと勇んで出向き、見事退治しました。成長したクリシュナの評判は高くなり、人々の噂にのぼるようになります。また、クリシュナは素晴らしく美しい青年だったこともあり、クリシュナに会った女性は皆、彼に恋をするほどでした。

カンサ王はクリシュナが生きていることを知り、シヴァの祭りのときに王城に招き、そこで殺そうと企みます。王城の闘技会に参加することになったクリシュナは、兄のバラーマとともに彼らを襲う刺客を全て倒してしまいました。業を煮やしたカンサ王がクリシュナに襲いかかりましたが、クリシュナは見事カンサ王を討ち取ったのです。クリシュナは、王城に囚われていた実の両親やカンサ王の父を救い出し、国を取り戻しました。その後カンサ王に殺された兄弟たちを死者の国から助け出し、天界へ連れて行きました。

物語3 ヤーダヴァ族の王と英雄の死

クリシュナがヤーダヴァ族の王となると、国は平和になりました。しかし、カンサ王の妻の出身であるマガダ国との軋轢や、北西インドのギリシャ人勢力の圧力もあり、都のマトゥラーは安全ではなくなりました。そのためクリシュナはマトゥラーを捨て、海のそばにあるドヴァーラカーに遷都します。

都は美しい山々に囲まれた要塞でもあり、とても豊かでした。また、クリシュナは最強の軍隊も持っていたので、諸国の王たちは皆クリシュナを尊敬していました。『マハーバーラタ』で語られているクル族の大戦争はこの時期のことで、クリシュナはアルジュナの手助けをしています。

大戦争が終わったあと、ヤーダヴァ族の人々は慢心により堕落し争いを起こし、多くの人命が失われました。クリシュナはこの世での役目を終えたことを察し、山にこもります。あるとき猟師が、瞑想中だったクリシュナを鹿と間違えて射てしまいました。弱点であった足の裏を射られたクリシュナは絶命し、天界へと戻っていきました。栄華を極めたヤーダヴァ族の都ドヴァーラカーは、海に沈んでしまったといいます。

インド神話豆知識

『バーガヴァタ・プラーナ』はクリシュナこそが最高神という聖典。ここではクリシュナ（ヴィシュヌ）の化身は20あると書かれている。様々なエピソードがあり、シヴァの妻サティーの物語もある。

column クリシュナのちょっとイイ話

複雑な英雄クリシュナ

幼少期のいたずら好きなクリシュナの物語や、青年期の牛飼い時代の物語と、『マハーバーラタ』に登場するヤーダヴァ族の王としてのクリシュナの性格には違いがある。王となったクリシュナは明らかに神で、ときにアルジュナたちに非情な助言をすることもある。クリシュナのモデルとなったのは１人ではなく、別々の英雄や神格だったものが取り入れられ同一視されるようになったらしい。

クリシュナ様が世界一

クリシュナの物語は当たり前だがヴィシュヌ派の聖典に載っているので、ヴィシュヌがどれほど他の神よりも素晴らしいかが書いてある。クリシュナの敵であるカンサ王はシヴァを崇拝していたし、クリシュナが竜王カーリヤを倒して毒を制した物語は、乳海攪拌で竜王ヴァースキの毒を飲み込んだシヴァを思い起こさせる。クリシュナは、インドラへの祭祀もやめさせている。クリシュナを愛する信者にとってはクリシュナ様が世界一なのだ。

ミルク壺とベビークリシュナ

ラーマ

ヴィシュヌの7番目の化身にして『ラーマーヤナ』の英雄

Profile Data

発音
Rāma
サンスクリット
राम
別名
ラーマチャンドラ
持ち物
ヴィシュヌの弓（シャールンガ）、矢が途絶えない矢筒
乗り物
―

ラーマは『ラーマーヤナ』の主人公で、コーサラ国の王子です。さらわれた妃を救うため魔王ラーヴァナと対決する英雄物語は、世界中で親しまれています。ラーマはダルマ（法・徳・正義）を守り、親に忠実で、神のように欠点のない高潔な人物として描かれています。ヴィシュヌの化身なので当たり前かもしれませんが、その高潔さゆえに国を追われ、父であるダシャラタ王の死因にも繋がります。ラーマ王子は民にも慕われていて、王子が国を出ると知った民たちは城に押し寄せました。

ラーマは遊業中に訪れたヴィデーハ国で、ジャナカ王の娘、シーター姫を妃にします。シーター姫の婿選びの儀式でだれも持ちあげることができなかったシヴァの弓を、ラーマは軽々とひき、力余って折ってしまいました。

ラーマ王子は弓の名手だったので、弓を持った青年の姿で描かれます。彼には常に弟のラクシュマナが伴います。

インド神話ギモンと考察

ラーマが生まれたコーサラ国は、紀元前10世紀頃前後に古代インドにあった王国。魔王ラーヴァナの居城ランカー島は現在のスリランカにあたる。神話には史実も含まれている……のかもしれない。

弓の名手。国を追われ、修行者の姿で魔王ラーヴァナと戦う。

ハヌマーン

ラーマ王子に忠誠を誓う半神

Profile Data

発音

Hanuman

サンスクリット

हनुमन्

別名

ハヌマン、ハヌマト（顎骨を持つもの）、ランカーダーヒン（ランカー島を燃やした者）

持ち物

棍棒（ガダー）

乗り物

―

ハヌマーン（ハヌマト）は、『ラーマーヤナ』で大活躍する猿の半神です。力持ちで、体の大きさを自由に変えたり、空を飛んだりと様々な能力を使ってラーマを助けます。猿王スグリーヴァの部下で、単身ランカー島に潜入してシーターを探したり、矢で射られたラクシュマナを救うために、ヒマラヤのカイラーサ山を切り取って持って帰ったりと大活躍をします。風の神ヴァーユとアプサラスのアンジャナーとの間に生まれましたが、シヴァ派の聖典ではシヴァの化身であるとも言われています。幼い頃に太陽を欲しがったため、インドラに顎を砕かれたという物語もあります。

また、ハヌマーンは『マハーバーラタ』にも少しだけ登場していて、五王子の一人、ビーマと邂逅しています。ビーマはヴァーユの息子でもあるので、ハヌマーンは彼の兄にあたるのです。あの『ラーマーヤナ』で活躍した伝説の猿として登場したハヌマーンは、弟であるビーマに力を授けました。

インド神話ギモンと考察

『ラーマーヤナ』は東南アジアや中国などにも影響をあたえた物語。特にハヌマーンは『西遊記』の孫悟空のモデルとも言われている。大きくなったり小さくなったり、空を飛んだりと孫悟空そっくりだ。

ラーマ王子の友にして忠実なる部下。山を抱えているのは、山に生えている薬草を探す時間がなくて山ごと持ってきた、というエピソードから。

シーター

ラーマ王子の貞淑な妻にして大地の女神の娘

Profile Data

発音
Sītā
サンスクリット
सीता
別名
ブーミジャー（大地から生まれた女）、パールティヴィー（大地の娘）
持ち物
―
乗り物
―

シーターは『ラーマーヤナ』に登場するラーマ王子の妃です。ジャナカ王は、祭祀のために地面を掘っていたときに、畦《あぜ》の中から赤子を見つけました。彼女は大地の女神の娘でしたので、ジャナカ王は喜んで彼女を自分の娘として育てたのでした。

シーターの夫はラーマ王子で、ヴィシュヌの化身です。ヴィシュヌの妃であるラクシュミーは、ヴィシュヌが化身するごとに妻として寄り添うとされているので、シーターはラクシュミーの化身でもあります。

ラーマを一途に愛したシーターは、インド人女性の鑑です。しかし彼女は、ラーヴァナに囚われていた間の貞節を疑われ、潔白を証明するために火の中を歩きました。シーターは神々に守られ無事でしたが、結局ラーマに信じてもらうことができず、ラーマと別れてひっそりと子供を産みます。その後、もう一度誓いを立てて欲しいというラーマの言葉を背に、大地の女神のもとに帰ってしまい、二度と地上には戻ってきませんでした。

インド神話豆知識

ラーヴァナがシーターに手を出さなかったのは、過去に彼が天女に乱暴したとき、怒ったブラフマーから「今後女性を無理やり犯せばお前の頭は砕け散るぞ」という呪いをかけられていたからなのだ。

ジャガンナート

東インドのオリッサ州プリーで信仰されている宇宙の神

ジャガンナートはクリシュナと同一視され、クリシュナの兄のバララーマ、妹のスバドラーとともに崇拝されています。黒くて丸い顔と赤い隈取りをした丸い目は可愛らしく、東インドのオリッサ地方やベンガル地方では特に人気がある神様です。3人揃った像は、白がバララーマ、黒がクリシュナ、黄色がスバドラーになります。

ジャガンナートは「宇宙の主」という意味があります。その独特の姿からもわかるように、地方神だったものがヴィシュヌ信仰に取り入れられ発展したと考えられています。

ジャガンナートを祀るジャガンナート寺院は、ヒンドゥー教の四大聖地の一つです。ここでは多くのお祭りがありますが、特に「ラタ・ヤートラ」というお祭りは盛大で、寺院を模した巨大な山車が街を練り歩きます。山車を見た人には幸運が訪れると信じられているので、何万人もの信者がインド中から集まるそうです。オリッサ地方の伝統舞踊「オディッシー」では、ジャガンナートに捧げるダンスがあります。

Profile Data

発音

Jagannāth(a)

サンスクリット

जगन्नाथ

別名

ジャガンナータ(宇宙の主)

持ち物

ヴィシュヌと同じ

乗り物

ガルダ

シヴァ

「破壊」を司る、最高神の一柱

シヴァはヒンドゥー教の最高神の一人として、とても人気がある神様です。世界を破壊する恐ろしい面と、病気を治す慈悲深い面があります。三位一体の思想では、ブラフマーが世界を創造し、ヴィシュヌが維持し、シヴァが破壊するとされています。

シヴァとは「吉祥」を表す言葉ですが、荒ぶる神である嵐神ルドラと徐々に同一視されるようになりました。ルドラは暴風雨による災害で人々を殺す恐ろしい神で、魔神族（アスラ）に近い存在ですが、恵みの雨を降らせる神でもあります。破壊と創造を司るシヴァの二面性は、ルドラから引き継がれたのだろうと言われています。

しかし、シヴァはルドラよりもインド古来の土着の神の要素が強い神です。インダス文明の遺跡では、シヴァと同じようなヨーガのポーズをとる人物の印章が発見されています。シヴァの御本尊は、男性器をかたどったシヴァ・リンガと呼ばれる石の棒で、土台は女性器《ヨーニ》ですが、生殖器崇拝は初期のバラモン教にはなかったと考えられています。

Profile Data

発音
Śiva

サンスクリット
शिव

別名
マヘーシュヴァラ（偉大なる主）、バイラヴァ（恐ろしい者）、ハラ（破壊者）、シャンカラ（吉祥なる者）、マハーデーヴァ（偉大なる神）、パシュパティ（獣たちの王）、マハーカーラ（偉大なる時間、暗黒）、大黒天、大自在天、青頸観音

持ち物
三叉戟、蛇（ナーガ）、月、頭頂から水を吹き出すガンガー女神、太鼓（ダマル）、ルドラークシャ（菩提樹の実）のネックレスや腕輪、炎

乗り物
ナンディー（白いこぶ牛）

インド神話 豆知識

冒険映画『インディージョーンズ　魔宮の伝説』では敵の殺人者集団が丸い石サンカラストーンを探していた。サンカラ＝シャンカラ＝シヴァなので、シヴァ・リンガのことだ。敵の神はカーリー。

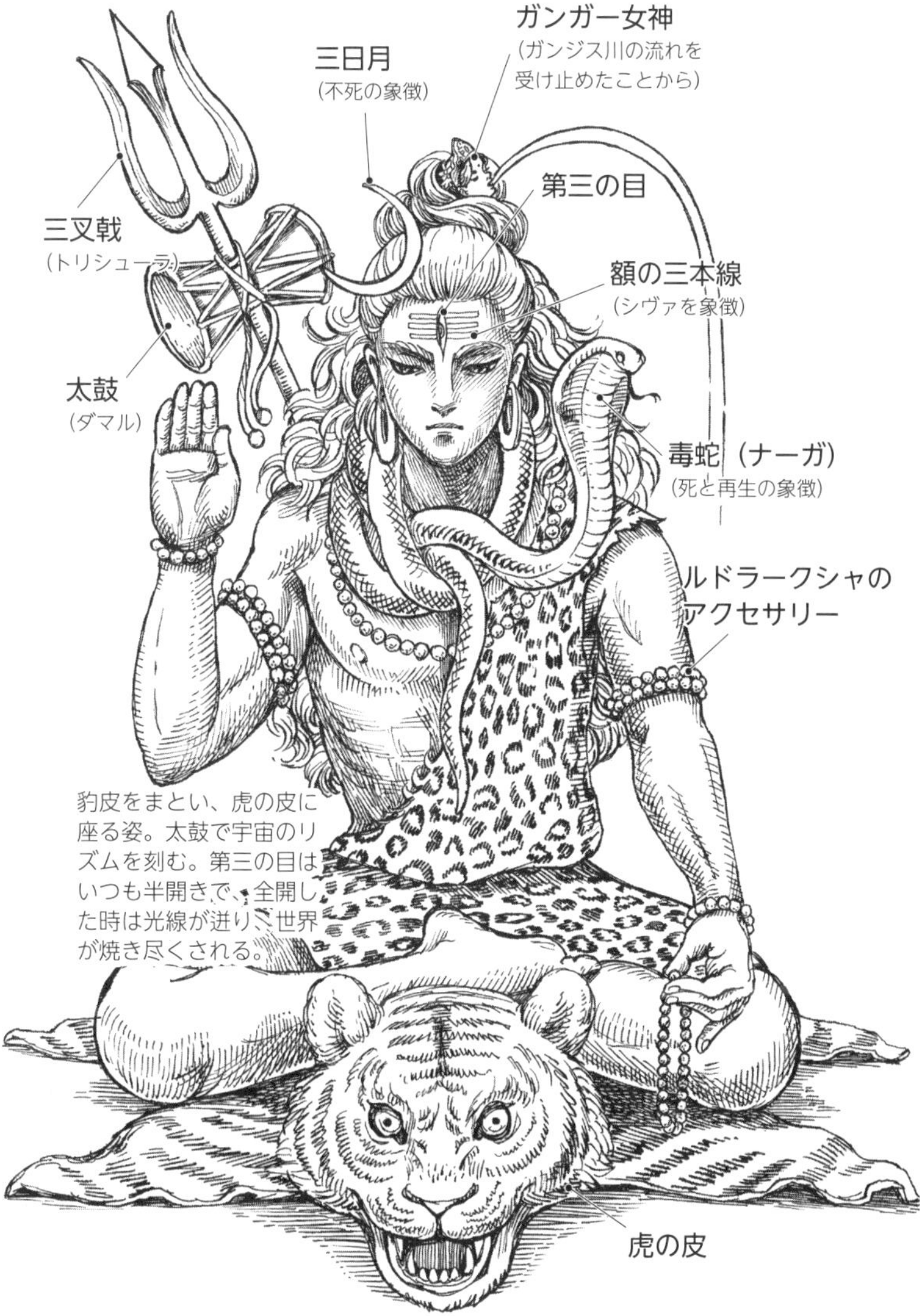
ガンガー女神
（ガンジス川の流れを受け止めたことから）
三日月
（不死の象徴）
第三の目
三叉戟
（トリシューラ）
額の三本線
（シヴァを象徴）
太鼓
（ダマル）
毒蛇（ナーガ）
（死と再生の象徴）
ルドラークシャのアクセサリー
豹皮をまとい、虎の皮に座る姿。太鼓で宇宙のリズムを刻む。第三の目はいつも半開きで、全開した時は光線が迸り、世界が焼き尽くされる。
虎の皮

また、シヴァの妃たちは、もともとは地方で崇められていた土着の女神たちです。息子であるガネーシャやスカンダも女神たちと同じく、シヴァとは別の起源を持つ地方の神なので、生殖器崇拝などの土着の神々への信仰が、シヴァを中心に、バラモン教の流れをくむ正統なヒンドゥー教の聖典にまとめられていったようです。

女神を最高神と崇める女神信仰では、シヴァは女神のパートナーとして重要視されています。シヴァの妃たちは、シヴァの聖なる力（シャクティ）の行使者です。

シヴァは、ヴィシュヌのような化身（アヴァターラ）になることはあまりなく、自身が様々な姿になって現れます。シヴァは他の神々とは違い、黄金のアクセサリーはほとんど身につけず、豹皮の衣を身にまとっています。これは、彼自身が修行者でもあるからです。絵画では、ヒマラヤで座禅を組んで瞑想する姿が好んで描かれています。

以下、様々なシヴァの姿をご紹介します。

バイラヴァ　世界の破壊神

「恐ろしい者」という意味で、シヴァの畏怖相です。手には多くの武器を持ち、髪を逆立て目をむいた恐ろしい形相をしています。リンガを起立させた姿もあります。

インド神話 豆知識

バイラヴァはリンガが起立した状態の図像もあるが、これは禁欲により力を溜めた状態を表している。また犬はヤマの乗り物でもあり、死ぬべき人を嗅ぎ分けて死者の国に連れていくそうだ。

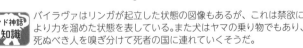

バイラヴァは、シヴァの妃サティーの死骸が切り刻まれ落ちた場所を守護していると言われています。ネパールや東インドでは、女神たちを祀る八母神信仰に関連して、８種あるいは64種のバイラヴァがいるそうです。（➡156ページの「ダーキニー」へ）

乗り物（ヴァーハナ）は犬です。古代インドでは、犬は屍肉を食らうことから、不吉な存在とみなされていました。犬を伴う恐ろしい姿のバイラヴァは、女神カーリーやチャームンダーと対になる存在なのです。

ガジャースラ・サンハーラ　象の魔神を殺すシヴァ

象の魔神を殺すシヴァの相です。女神ドゥルガーに倒された魔神マヒシャ（マヒシャースラ）の息子には、ガジャースラ（象の魔神）がいました。シヴァはガジャースラと戦い、見事勝ちました。シヴァは象の皮を剥いで、皮を被って踊ったと言われています。

リンガ・ラージャ　リンガの王

シヴァ・リンガはシヴァの象徴です。巨大な柱から現れるシヴァの像は、寺院彫刻によく見られますが、これはヴィシュヌとブラフマーが争ったときに、巨大なリンガからシヴァが現れたという物語を表しているそうです。（→186ページの「シヴァ・リンガ事件」へ）

ナタラージャ
舞踊王

あるとき、シヴァのことが嫌いな聖仙たちが、シヴァを亡きものにしようと考えました。刺客として獰猛な虎を差し向けましたが、シヴァは虎を退治して皮を剥いで踊りました。驚いた聖仙たちは、猛毒を持つ大蛇を放ちましたが、シヴァは蛇を掴んでネックレスにして踊り続けました。聖仙たちは今度こそはと魔物を送りましたが、シヴァは魔物を踏みつけて踊りました。シヴァのあまりの強さに驚いた聖仙たちが空を見あげると、天界の神々がシヴァの踊りに見入っていました。シヴァこそが宇宙の主だと気づいた聖仙たちは、考えを改めてシヴァを崇めたのでした。

古代、ダンスはとても重要な宗教儀式の一つでした。『ナーティヤ・シャーストラ』という舞踊論には、シヴァは舞踊の神として夕暮れに108種類のダンスを踊ったとされています。シヴァが片足をあげて踊る姿は「ナタラージャ」と呼ばれ、南インドのヒンドゥー教王朝下では数多くの彫刻やブロンズ像がつくられました。

インド神話ギモンと考察

インドの神様の像に腕や顔が多いのは、普通の人間にはない超越した力を表現するためらしい。手にはそれぞれ神様の力を象徴する武器やアイテムを持つ。何も持たない場合は印（ムドラー）を結ぶ。

column インド神話と文化

インドの神様は肌が青い!?

インドには青い肌をした神様がたくさんいる。シヴァ、クリシュナ、カーリー……彼らの肌が青いのは様々な説がある。土着の要素が強い神は青で表されることが多い。正統なヒンドゥー教にとって、白は聖なる色で、黒は不浄の色。そのため、浅黒い肌の色を表現する場合に青を使ったというものだ。また、青は聖なる色であり、黒も青もどちらもカーラと呼ばれる。ジャガンナート、シヴァ・リンガ、カーリーなどは黒で表される。ときには黒は不浄の色ではなく聖なる色でもある。真逆の考えも取り込んでしまうヒンドゥー教の柔軟さが面白い。

シヴァはその姿によって白や青などの肌の色で表現される。

黒い肌の地方神ジャガンナート。クリシュナの化身とされる。

ガネーシャ

幸運を運ぶ、商売と学問の象頭神

象のお顔がユーモラスなガネーシャはシヴァの息子です。シヴァの眷属《けんぞく》たちをまとめるリーダーなので、ガナパティ（群衆の主）とも呼ばれています。象の頭になったのは、シヴァに首を切られ、通りがかった象の頭をつけられたという説も。

現在ではインド全土で大人気のガネーシャですが、もともとはインドの一地方の神でした。ガネーシャは幸運を呼び、障害を取り除くご利益があると言われているので、商売の神様としては特に人気が高いです。仕事をはじめるときにはガネーシャに祈りを捧げます。

現在でも西インド、マハーラーシュトラ州のプネーでは、ガネーシャ祭りが盛大に行われています。ご利益にあずかろうと、地元の店がはりきってガネーシャ像に飾りつけをするそうです。また、ガネーシャは学問の神としても有名で、『マハーバーラタ』を書いたのはガネーシャだとされています。聖仙ヴィヤーサが語る言葉を聖なる文字にしたのがガネーシャなのです。

Profile Data

発音
Gaṇeśa

サンスクリット
गणेश

別名
ガナパティ（群衆の主、シヴァ神に仕える神群の長）、エーカダンタ（一牙を持つ者）、ヴィグネーシュヴァラ（障害を取り除く者）、モーダカプリヤ（モーダカが好きな神様）、ヴィナーヤカ（最上）、歓喜天、聖天

持ち物
三叉戟、象使い用の杖（アンクシャ）、縄（パーシャ）、蓮の花、モーダカ（甘いおだんご）、象の牙

乗り物
ネズミ

右手は「心配しなくていいですよ」という意味の「アバヤムドラー」というポーズ。

象をイメージさせるふくよかな身体ですが、乗り物は小さなネズミ。丸みを帯びた親しみやすい姿と富を与える恵み深さが人気の秘密なのかもしれません。富の女神ラクシュミー、学問の女神サラスヴァティーと3人一緒に描かれることもあります。

ガネーシャが象の頭をしているのは、こんな理由があります。

あるとき自分に忠実な子供が欲しいと思ったパールヴァティーは、シヴァが留守の間に自分の垢をこねて息子をつくりました。満足したパールヴァティーは、自分が風呂に入っている間だれも部屋に入れないようにと息子に申しつけました。息子は言いつけを守り、家の前で門番をしていました。

さて、シヴァが家に戻ると、見知らぬ男が家の前にいて、シヴァを家に入れてくれません。怒ったシヴァは戦いの末、男の首を切り落とし遠くに投げ捨てました。パールヴァティーは、生まれたばかりの息子が殺されたことを知って怒り、シヴァと戦おうとしました。パールヴァティーは戦神ドゥルガーでもあります。焦ったシヴァは、息子の首を探しに行きましたが見つかりません。仕方がないので通りすがりの象の首をとって、息子につけて生き返らせました。それからガネーシャの頭は象になったそうです。

また、もう一つ物語があります。ガネーシャの誕生祝いには、多くの神々が招かれましたが、その中には土星の神シャニもいました。シャニは邪視の力があり、見るものを破壊し殺してしまうので、お祝いの席に呼ばれたものの、ずっとうつむいていました。

しかしパールヴァティーが、「顔をあげて息子の誕生を祝ってちょうだい」とせがんだので、シャニが視線を向けたら、ガネーシャの頭が破壊されてしまいました。仕方がないので代わりにヴィシュヌが象の頭をつけたというものです。

ガネーシャの牙は右片方が欠けていて、左の1本しかありません（逆の場合もあります）。理由はいくつかあり、シヴァの斧を授かった聖仙パラシュラーマと戦ったとき、父であるシヴァの斧だとわかったので避けずに牙に当たって折れたという話や、夜道で転んだところを月に笑われたので、牙を投げて月を呪ったという話があります。

column ガネーシャのちょっとイイ話

富と幸運を引き連れたガネーシャ

いまでは大人気のガネーシャは、実は『マハーバーラタ』や『ラーマーヤナ』では多く語られていない。もともとは地方で信仰されていて、ヒンドゥー教の中に取り込まれた比較的新しい神様だ。ガネーシャは学問を究めた神だから独身だという説もあるが、リッディ（富）とシッディ（幸運）という２人の妃がいるという説もある。ガネーシャはそのふくよかな体型から想像できるように、甘いものが大好きだ。ガネーシャの絵には必ずお菓子が描かれるし、モーダカというココナッツが入った甘いお団子が大好物なのだ。そのためガネーシャはモーダカプリヤ（モーダカが好きな神様）とも呼ばれている。

スカンダ

神の王インドラが惚れ込んだ美しき闘神

Profile Data

発音
Skanda
サンスクリット
स्कन्द
別名
ムルガン、スブラフマニヤ（南インド）、カールティケーヤ（すばる星団）、クマーラ（少年）、マハーセーナ（偉大なる戦士）、シャクティダラ（槍を持つ者）、韋駄天
持ち物
槍（ヴェール）、弓、雄鶏、三叉戟、縄
乗り物
孔雀（パラヴァーニ）

スカンダはシヴァの息子で、槍を持った美しい若者の姿をしています。あまりにも強いため、神々の王であるインドラが自分の地位をスカンダに与えようとしたのだとか。

シヴァの家族として、兄のガネーシャと一緒に描かれることもありますが、スカンダの誕生神話は少々複雑です。実はスカンダは、火の神アグニと、彼を慕う娘スヴァーハーの間にできた息子でもあります。2人にシヴァとパールヴァティーが乗り移っていたときにできた子供なので、シヴァの息子とされているのです。いかにも後づけのような神話ですが、スカンダがクマーラなど64の別名を持つことも、スカンダが別の神でシヴァと関連づけることで正統なヒンドゥー教の流れに取り入れられたということがよくわかります。

スカンダは南インドでは地方神ムルガンと同一視され、厚く信仰されています。少年（クマーラ）の姿で大きな槍を持ち、孔雀を従えた姿で描かれます。北インドでは独身の神ですが南インドでは2人の妃、デーヴァセーナーとヴァリーと一緒に描かれることも。

インド神話豆知識
猫女神シャスティは生まれたばかりの子供を連れ去る恐ろしい神だが、丁寧にもてなせば子供を守ってくれる。子供（クマーラ）の神でもあるのでスカンダの妃デーヴァセーナーと同一視されるらしい。

軍神インドラよりも強い戦いの神。南インドではムルガンと呼ばれる。乗り物は孔雀。少年の姿で描かれることもある。
槍
(ヴェール)
毒蛇を食べる
孔雀
(パラヴァーニ)

日本では韋駄天、鳩摩羅天として知られています。

スカンダの誕生はこんな物語があります。

あるときインドラは、魔神ケーシンにさらわれそうになっていた女性を救いました。彼女の名はデーヴァセーナーといい、聖仙ダクシャの娘でした。彼女は「自分の夫となるものは、偉大な征服者になると予言されています」と言ったので、インドラは彼女の祖父であるブラフマーのところに連れて行きました。ブラフマーも彼女の予言は本当だというので、インドラは彼女を養女にしました。インドラはかねてから強力な戦士が欲しいと考えていたので、デーヴァセーナーの夫となるものが現れるのを待っていました。

さて、スカンダは生まれて4日目には完全な姿になり、地を揺るがす咆哮をあげ、大きな槍で聖なる山を貫きました。神々や大地は新たな敵が来たと恐れ、インドラに退治して欲しいと願います。インドラは母神マートリたちに新たな敵を倒すように命じましたが、彼女たちは敵の強さを知って、逆にスカンダに庇護を求めました。ついにインドラは白い象アイラーヴァタに乗り、スカンダを攻撃しましたが、力の差を感じて負けを認め、この敵こそが待ち焦がれていた偉大な戦士（マハーセーナ）だとわかったのでした。

インドラは、スカンダに自分の地位を与えようとしましたが断られました。そのため神々の将軍の地位を与え、予言通り養女のデーヴァセーナーと結婚させたのでした。

インド神話 豆知識 神様には鳥や動物などの乗り物「ヴァーハナ」がセットになっている。ヴィシュヌはガルダ、シヴァは牡牛、インドラは象、スカンダは孔雀など。ヴァーハナは神々の力や性格を表している。

column スカンダのちょっとイイ話

スカンダは疫病神だった？

インドラとスカンダが戦ったとき、スカンダは分身をたくさんつくった。彼らは地上に降り、胎児や新生児たちの命を次々に奪ったとされる。また、スカンダは地上では恐ろしい姿の病魔になり、子供たちを襲って殺したらしい。いまではスカンダはクマーラ（少年）とも言われ、子どもたちの守り神だけども、もともとは恐ろしい災厄の神だったものが、ヒンドゥー教に取り入れられることで徐々に変化していったのかもしれない。スカンダを崇拝して正しい儀礼を行えば、子どもたちを病魔から守ることができると信じられている。表裏一体の神の姿は、これぞまさにインドの神というところだろう。

また、南インドでは、スカンダと同一視されるムルガンが大人気だ。タミル・ナードゥー州のパラニにあるムルガン寺院には信者たちが大勢つめかける。もともとは土着の女神であったヴァリーはヴィシュヌの娘とされ、ムルガンと結婚している。孔雀に乗ったスカンダが、両手に女神を抱える図像はよく描かれているが、片方はデーヴァセーナーで、もう片方はヴァリーだという。

両手に妻を抱くスカンダ（by ラージャー・ラヴィ・ヴァルマー）

パールヴァティー

美しく優しいシヴァの妃

パールヴァティーはシヴァの妃で、シヴァが持つ力（シャクティ）の源とされています。聖なるヒマラヤの娘で、ガンジス川の女神ガンガーの姉妹でもあります。穏やかな微笑みを浮かべ、シヴァの隣に寄り添う姿で描かれることが多いのですが、戦いの女神ドゥルガーや殺戮の女神カーリーとも同一視されています。優しい姿と凶暴な姿の二面性があるのは、夫であるシヴァと同じです。

バラモン教の時代、女神はそこまで重要な地位にありませんでした。しかし、土着の人々の女神への信仰は根強く、古き女神たちの多くは男神の妃とされ、ヒンドゥー教の聖典に取り入れられていきます。特にシヴァは女神信仰と強く結びつき、パールヴァティーは女神たちの主である大女神（マハーデーヴィー）となりました。

パールヴァティーは、シヴァの最初の妃であるサティーの生まれ変わりでもあります。では、サティーにはどんな物語があるのでしょうか。

Profile Data

発音
Pārvatī

サンスクリット
पार्वती

別名
ウマー（母）、ガウリー（輝くもの）、シャクティ（神聖な力）、マヘーシュヴァリー（偉大なる女神）、サティー（ダクシャの娘、シヴァの最初の妃）、烏摩妃

持ち物
蓮の花、縄

乗り物
ライオン（虎）、ナンディー（白いこぶ牛）

インド神話豆知識
シヴァの額にある第三の目は、パールヴァティーの悪戯でできたという説がある。彼女がシヴァの両目を塞ぐと世界が暗黒に包まれ滅びそうになったが、第三の目が生まれて滅びは回避できたという。

夫であるシヴァを一途に愛した絶世の美女。ガネーシャ同様、右手は「アバヤムドラー」というポーズ。
蓮の花
(美と幸せの象徴)
ナンディー
(白いこぶ牛、シヴァの従者)

聖仙ダクシャの娘であるサティーは、シヴァに恋していました。しかし父ダクシャは、サティーを別の男と結婚させようとしていました。悲しんだサティーがシヴァに祈りを捧げると、その場にシヴァが現れました。サティーはシヴァを夫に選び、2人は結ばれたのでした。

しかしダクシャは、娘の夫となってもシヴァを認めませんでした。ダクシャはヴィシュヌを信仰しており、シヴァのことが大嫌いだったからです。ダクシャはあるとても重要な儀式に、シヴァだけを招きませんでした。父の仕打ちに絶望したサティーは、儀式のための炎の中に身を投げました。あわてて駆けつけたシヴァでしたが、愛する妻は既に息絶えていました。激怒したシヴァは、その場で義父ダクシャの首を刎ね、儀式の場をめちゃくちゃにしたあと、サティーの死骸を抱えて世界を放浪しました。

サティーの体は腐り、世に悪鬼がはびこりました。神々はシヴァに声をかけましたが彼が正気に戻ることはありません。見かねたヴィシュヌがサティーの体を円盤（チャクラ）で細く切り刻むと、ようやくシヴァは我に返りました。妻を殺された仕返しとはいえ、義父を殺した罪を償うため、シヴァは山にこもって長い修行を行ったのでした。

バラバラにされたサティーの体は地上に落ち、その場所でそれぞれが女神となりました。のち、シヴァの妃となった女神たちは、皆サティーの生まれ変わりなのです。

インド神話 豆知識

ヴィシュヌの円盤で刻まれたサティーの体が落ちた場所は神聖な場所となり「シャクティピータ」と呼ばれた。この物語は、シヴァがインド中にいる土着の女神を妃にすることを正当化できている。

やがてサティーは、ヒマラヤの娘、パールヴァティーに生まれ変わります。

あるとき、ターラカと呼ばれる魔神が神々を苦しめていました。シヴァの息子だけが彼を殺すことができると知った神々は、シヴァとパールヴァティーを結婚させようと考え、パールヴァティーをシヴァのもとに向かわせます。パールヴァティーは前妻のサティーの生まれ変わりですし、彼女の輝かしい美しさにはどの女神もかないませんでした。

しかしシヴァは修行三昧で周囲のことに全く興味を示しません。仕方がないので神々の王インドラは、愛の神カーマとその妻ラティに、2人を結ばせるよう依頼しました。

カーマは妻を連れてシヴァのもとに行き、パールヴァティーがシヴァのそばにいるときを見計らって、愛の矢でシヴァを射ようとしました。瞑想していたシヴァは気配に気づいて目を開きましたが、自分の気をそらしたのがカーマだと知り激怒しました。シヴァは額にある第三の目から光線を放ち、カーマを焼き尽くしてしまいました。

カーマの愛の技にも、自分の容貌にも興味を持たないシヴァを見て、パールヴァティーは自らもシヴァのそばで辛い修行をすることにしました。そんな彼女に心動かされたシヴァは、年老いた修行者に化けてパールヴァティーの前に現れました。彼はシヴァの悪口を並べたてましたが、パールヴァティーはシヴァへの愛は変わらないと老人の言葉を無視します。姿を現したシヴァは、パールヴァティーに愛を告白し、2人は結ばれたのでした。

ドゥルガー

ライオンまたは虎に乗った美しい戦女神

戦いの女神ドゥルガーは、シヴァの妃パールヴァティーのもう一つの姿です。10本の腕には神々から授けられた武器を持ち、魔神族（アスラ）と戦います。もともとはインド中部にあるヴィンディヤ山脈で信仰されていた、酒や肉を好む女神だったそうですが、シヴァの妃としてヒンドゥー教に取り込まれたと考えられています。ドゥルガーは『マハーバーラタ』にも登場し、戦いの前のアルジュナたちに祝福を授けています。

ドゥルガーは東インドのベンガル地方で大変人気があり、毎年10月頃に行われる盛大な祭ドゥルガー・プージャー（ダシャラー祭）では、ドゥルガーの神像を乗せた山車が街を練り歩きます。

穏やかな微笑みを浮かべながら、水牛の姿をした魔神マヒシャ（マヒシャースラ）を倒すドゥルガーの姿は、「マヒシャースラマルディニー」と呼ばれ、古くから彫刻や絵画の題材とされてきました。ドゥルガー寺院では必ずと言っていいほど祀られています。

Profile Data

発音

durgā

サンスクリット

दुर्गा

別名

チャンディカー（吉祥なる女）、マヒシャースラマルディニー（水牛の悪魔を殺す女神）

持ち物

三叉戟、チャクラ、法螺貝、槍、ヴァジュラ、弓と箙、鈴、杖、縄、数珠、水瓶、光線、剣と無垢の盾、斧、宝玉の首飾り

乗り物

ライオン、虎

インド神話豆知識

ドゥルガーには「倒せない」「克服できない」「近寄りがたい」という意味がある。女神ドゥルガーの名前の由来は、彼女が倒した魔神ドゥルガーの名前を記念に自分につけたからだという。

光り輝く女神。10本の腕に神々の武器を持った姿が特徴。乗り物はライオンや虎。

ドゥルガーと魔神マヒシャの間には、どんな戦いがあったのでしょうか。

あるとき、魔神マヒシャが神々に戦いを挑みました。神々は応戦しましたが、力ではマヒシャに及ばず、戦に負けて天界を追われてしまいました。神々はシヴァとヴィシュヌになんとかして欲しいと訴えました。

話を聞いたシヴァとヴィシュヌの激しい怒りから、巨大な力が生まれました。インドラをはじめとする他の神々も同じように力を発生させ、力を一箇所に集めると、そこから女神が生まれました。神々は、美しい女神の姿を見てとても喜びました。彼女こそが魔神マヒシャを倒してくれる最強の神だとわかったからです。

神々は自分が持っている武器と同じものをもう一つつくり出し、彼女に与えました。シヴァは三叉戟を、ヴィシュヌは円盤（チャクラ）を、インドラは金剛杵（ヴァジュラ）を。神々は武器以外にも次々と彼女に贈り物を与えました。

10本の腕にそれぞれの武器を持ち、神々からもらった宝石やアクセサリーで身を飾った女神は、チャンディー（光り輝くもの）と呼ばれました。自分が生まれた理由を聞かされたチャンディーは、颯爽と獅子にまたがり魔神マヒシャを倒しに向かったのです。

チャンディーの桁外れの咆哮は、全世界を大きく震わせました。魔神マヒシャは光り輝く女神の出現に驚き、総攻撃を仕掛けました。魔神の将軍たちは何万もの兵を従え女神を

インド神話豆知識
インドには映画から生まれた女神がいる。1975年の映画『ジャイ・サントーシー・マー』のサントーシーは現代の女神で、どんな願いも叶えると大人気で寺院も作られた。ドゥルガーの化身とされる。

倒そうとしましたが、女神は神々からもらった武器を使い、やすやすと魔神たちを殺しました。空からは矢が降り注ぎ、あたりは血の海が広がり、魔神たちの屍が山のように積み重なりましたが、女神は戦いをやめませんでした。

ついに魔神マヒシャがチャンディーのもとに現れ、一騎打ちがはじまりました。マヒシャはいままでの敵とは違い、象や獅子へと姿を刻々と変えるので、なかなか勝負がつきません。しかし女神はついにマヒシャを追いつめました。マヒシャは水牛から人の姿に変わろうとしていたところを女神の三叉戟に貫かれ、絶命したのでした。

神々や聖仙たちは女神の素晴らしさを称え、魔神が倒されたことを祝いました。

column インド神話と文化

インドの女神信仰

インドでは女神信仰がとっても盛んなのだ。どのくらいすごいかというと、大人気の二大神、シヴァ、ヴィシュヌに次いですごい。女神信仰の聖典『デーヴィー・マーハートミャ』には、女神への賛歌がこれでもかというほどつまっている。男神の活動的な部分を女神が表すというのが女神信仰（シャクティズム）の思想で、中世以降盛んになった。女神信仰は、古代からインドに浸透していた地母神への信仰が、ヒンドゥー教になっていく過程で浮上してきたらしい。女神信仰はドゥルガーなどのシヴァの妃が中心だが、ヴィシュヌの妃であるラクシュミーも、ヴィシュヌの力（シャクティ）だとされている。

カーリー

破壊と血を好む殺戮の女神

カーリーはシヴァの妃の一人です。血まみれの姿で生首のネックレスを身につけているのは、見た目通り彼女が破壊と死を司る神だからです。シヴァの力（シャクティ）を具現化したのが、パールヴァティーやドゥルガー、カーリーなどのシヴァ妃ですが、特にカーリーはシヴァの持つ破壊的な、荒々しく残酷な一面を表しています。

カーリーは時間や暗黒、死を意味する「カーラ」の女性名詞。「カーラ」とは破壊神の側面を持つシヴァのことでもあります。カーリーは血を好み生贄《いけにえ》を欲するとされるので、カーリー寺院では、現在でも定期的に動物を供物として捧げているところもあるそうです。

カーリーは裸で、魔神の生首を手に持ち、切り取った腕を繋げたものを腰布代わりに体に巻きつけています。敵を倒してその血をすすり、夫であるシヴァを踏みつけるまで踊りをやめません。カーリーの踊りはシヴァの破壊の踊りと同じく、世界を滅ぼすのです。静かに足元に横たわるシヴァとの対比が興味深いです。

Profile Data

発音

Kālī

サンスクリット

काली

別名

カーリー・マー（母なるカーリー）、マハーカーリー（偉大なる暗黒）、チャームンダー（チャンダとムンダを殺した者）、迦利

持ち物

三叉戟、剣、生首、血が入った皿、生首のネックレス、魔族の手足を縫ってつくった腰布

乗り物

ライオン

インド神話豆知識

夫が亡くなると妻があと追いで焼身自殺する「サティー」という風習は、シヴァの妻サティーに起因する説がある。自殺した女性は死後に女神として祀られるが、現在では禁止されている。

鎌
魔神の
生首
第三の目
三叉戟
(トリシューラ)
血の溜まった皿
生首
ネックレス
腕の腰巻き
夫のシヴァ
肌の色は青または黒。
4本の腕を持ち、上
半身は裸。

カーリーは、既にご紹介したドゥルガーの物語に登場します。

ドゥルガーが水牛の魔神マヒシャを倒したあとのこと。スンバとニスンバ（シュンバとニシュンバ）という兄弟魔神が力をつけ、インドラや神々から天界を奪い、世界を脅かしました。神々はドゥルガーに、彼らを倒して欲しいと願いました。すると、パールヴァティーの体からドゥルガーが現れました。

ドゥルガーを見てその美しさに衝撃を受けた魔神チャンダとムンダは「あの女神は偉大なスンバとニスンバの妻にこそ相応しい」と、兄弟魔神に早速報告しました。スンバとニスンバはドゥルガーに使者を送り、どちらかの妻になって欲しいと伝えましたが、ドゥルガーはあざ笑い、「私は自分よりも強い者としか結婚しない」と申し出を断ります。怒った兄弟魔神は、部下たちにドゥルガーを生け捕りするように命令しました。

ドゥルガーを捕らえようと集まる魔神たちを見て、ドゥルガーの怒りは頂点に達し、その怒りから恐ろしい形相をした真っ黒なカーリーが生まれました。

カーリーは全裸で髪を振り乱した恐ろしい姿で、魔神たちの軍隊に立ち向かいました。なんとカーリーは口をあけると、魔神たちを次々に飲み込んだのです。象に乗った兵たちや戦車もまるごと口に放り込み、噛みちぎりました。あっというまに軍隊を平らげたカーリーを見て、チャンダとムンダは雨のように矢を降らせ、円盤を投げて応戦しましたが、

column インド神話こぼれ話

カーリーがシヴァを踏みつけている理由

カーリーは夫のシヴァを踏みつけている姿で描かれる。これは、魔神との戦で勝利に酔ったカーリーが、嬉しくて破壊のダンスを踊ったが、あまりの力で世界が滅びそうになったので、夫のシヴァが彼女の足元に横たわったということになっている。夫を踏みつけ我に返ったカーリーは、恥ずかしくてぺろりと舌を出したのだそうだ。この図像は静的な力の象徴であるシヴァと、動的な力（シャクティ）であるカーリーを表したものだと言われているが、どう見てもカーリーのほうがシヴァよりも強そうだ。血を好むカーリーは正統なヒンドゥー教からはあまり歓迎されなかったが、現在では熱心に信仰されている。

カーリーはそれらを全て飲み込んでいくのです。結局、チャンダとムンダはカーリーに殺されました。カーリーはこの戦い以降、「チャームンダー」と呼ばれるようになりました。

さて、部下を殺された兄弟魔神は、今度は魔神ラクタビージャを向かわせました。カーリーはラクタビージャを見るや切りかかりましたが、ラクタビージャはとても手強く、地面に血が落ちるたびに数が増えていきました。

魔神を倒すため、カーリーは彼らを飲み込み、生き血をすることにしました。血を失ったラクタビージャは増えることができなくなり、ついにカーリーに倒されたのでした。

ラクシュミー

霊薬アムリタとともに生まれた美しき幸運の女神

ラクシュミーは美と富と幸運の女神です。現在でも大変人気があり、同じく富の神であるガネーシャと一緒に祀られ、人々の信仰を集めています。日本では吉祥天です。

ラクシュミーというと、神々が不死の霊薬アムリタをつくるため、海をかき混ぜたときに生まれたという物語が有名です。海から生まれた美の女神というのは、西洋のヴィーナスを思い起こさせます。ラクシュミーの光り輝く美しさに、神々も魔神たちも皆惚れ込んでしまい、我先にと求婚しました。しかしラクシュミーはヴィシュヌのもとに歩み寄ると、左の膝の上に座りました。左の膝は妻の座る場所でしたので、ヴィシュヌはラクシュミーの望み通り彼女を妻にしたそうです。

ラクシュミーは両手に幸せの象徴である赤い蓮の花を持ち、蓮の花の上に座った姿で描かれます。ラクシュミーの両脇に、2頭の象が水をかけている絵がありますが、これは紀元前の彫刻にも度々登場する「ガジャ・ラクシュミー」という吉祥図像です。

Profile Data

発音
Lakṣmī

サンスクリット
लक्ष्मी

別名
シュリー（吉祥)、パドマー（蓮の花）、ローカマーター（世界の母)、吉祥天

持ち物
蓮の花、金貨が入っている壺、プルーナ・カラシャ

乗り物
フクロウ

４本の腕を持つ。幸せと美しさと純粋さを象徴する蓮の花を両手に持ち、蓮の花に座る。右下の手は「恩恵を与える」という意味の「ヴァラダムドラー」のポーズ。

古代のコインにもこの図像があることから、ラクシュミーの起源がとても古いことを表しています。そのためか、ラクシュミーはヴィシュヌの妃ではなくもともとはブラフマーの妃だったとか、財神クベーラ（日本では毘沙門天）の妃だったという説もあります。

ちなみに、ラクシュミーとガネーシャとサラスヴァティーが3人一緒に描かれる絵柄は「ディワーリー・ラクシュミー」といいます。ディワーリーとは秋に行われるラクシュミーのお祭りで、家の前にラクシュミーをお迎えする吉祥模様を描き、夜通し油灯（ディヤー）を燃やし、ラクシュミーにお祈りするのです。

ラクシュミーはヴィシュヌの妃なので、ヴィシュヌが化身として地上に降りてくるとき、妻として寄り添います。ラーマの妃シーターやクリシュナの妃ルクミニーは、ともにラクシュミーの化身です。また、女神を讃える聖典『デーヴィー・マーハートミャ』では、マハーラクシュミー（偉大なるラクシュミー）は全ての根源である至高の存在とされています。他にもラクシュミーへの賛歌は数多く、全ての女性はラクシュミーであると歌っているものもあるそうです。

ラクシュミーは、パールヴァティーとサラスヴァティーと3人一緒に描かれることもありますが、これは女神の三位一体を表しています。男神の三位一体は、彼女たちの夫であるヴィシュヌとシヴァとブラフマーです。

インド神話
豆知識

サンスクリットでは「a」が否定辞になる。幸運の女神「ラクシュミー」は、アがつくと不幸を司る「アラクシュミー」になる。ちなみにダルマ（法・徳）の対義語はアダルマ（非法・悪徳）という。

column ラクシュミーのちょっとイイ話

ラクシュミーの姉は、不幸の女神アラクシュミー

ラクシュミーには、不幸を司るアラクシュミーという姉がいる。ラクシュミーとは正反対の性質で、幸運ではなく不運を司る。痩せて醜く、ロバに乗った姿で表される。妹のラクシュミーと同じくフクロウも彼女の象徴だが、アラクシュミーのフクロウは富を運ぶのではなく不幸を運ぶ厄介な存在だ。なぜここまで正反対かというと、逆境においてはラクシュミーがアラクシュミーになると言われている。つまり、ラクシュミーとアラクシュミーは表裏一体ということだ。

また、ラクシュミーは幸運を司るので移り気な性格だと言われている。ラクシュミーがアラクシュミーに転じないよう、どんなときでもラクシュミーを信仰して正しく礼拝すれば、幸運が訪れると信じられている。

◉ディワーリー・ラクシュミー

左からサラスヴァティー、ラクシュミー、ガネーシャ。ラクシュミーを背後から祝福する2頭の象の絵は「ガジャ・ラクシュミー」と呼ばれる。

サラスヴァティー

芸術と学問を司る川の女神

サラスヴァティーは日本では弁才天として知られています。『リグ・ヴェーダ』にも登場する古い女神で、インド北西部にあったとされるサラスヴァティー川が神格化された姿です。命の水をたたえる川は、古代の人々にとって大切な存在でした。アーリヤ人たちにとっても、サラスヴァティー川は恵みの象徴だったのでしょう。現在は干あがってしまいサラスヴァティー川は消滅してしまいましたが、サラスヴァティーへの信仰は、のちにガンジス川など河川への信仰に繋がっていったのだと考えられています。

また、サラスヴァティーは言葉の女神ヴァーチュと同一視されるようになり、芸術と学問を司る神となりました。聖なる言葉サンスクリットを表すデーヴァナーガリー文字を生んだのは彼女ですし、音楽の神でもあり、楽器のヴィーナを持った姿で描かれます。

太陽神サヴィトリに捧げる「ガーヤトリー賛歌」を神格化した、ガーヤトリー女神も、サラスヴァティーと同一視されています。

Profile Data

発音
Sarasvatī

サンスクリット
सरस्वती

別名
ブラフマニー（ブラフマーの妻）、ガーヤトリー（ガーヤトリーマントラの神格化）、弁才天

持ち物
ヴェーダ、ヴィーナ（楽器）、数珠、蓮の花

乗り物
ハンサ鳥、白鳥、孔雀

インド神話豆知識
『リグ・ヴェーダ』にも登場する幻のサラスヴァティー川は、ガッカル・ハークラー川だと考えられている。現在は干上がっているが、周辺にはインダス文明時代の遺跡が多く発見されている。

白鳥または
ハンサ鳥
ヴィーナ
白い衣
『ヴェーダ』
数珠
(ジャパマーラー)
4本の腕を持つ音
楽と学問の女神。
水の上で、白鳥か
ハンサ鳥に乗った
姿で描かれる。

サラスヴァティーは創造神であるブラフマーに生み出されました。娘のあまりの美しさに心を奪われたブラフマーは、彼女を妻にしたくて求愛しました。しかしサラスヴァティーは父から逃げ回ります。ブラフマーはどこにいても彼女が見えるようにと顔を5つ（4方向と空）に増やしたので、どこからでも彼女を見ることができるようになりました。根負けしたサラスヴァティーは、その後ブラフマーと結婚しました。2人の間には、人間の始祖であるマヌが生まれました。

また、サラスヴァティーには、カーヴィヤ・プルシャという息子がいます。

あるときサラスヴァティーは子供が欲しいと考え、ヒマラヤで苦行をすることにしました。その様子に満足したブラフマーは、彼女に息子を授けました。息子は、自分はカーヴィヤ・プルシャ（詩の原人）で、詩や韻文の神であることを告げました。

サラスヴァティーはとても喜びました。息子の言葉はヴェーダの素晴らしい韻律を含んでいたからです。サラスヴァティーは息子を祝福し、「あなたは言葉の神である私よりも素晴らしいわ。あなたの韻文が世界に広まるでしょう」と祝福して抱きしめました。

カーヴィヤ・プルシャが生まれるまでは、人々はヴェーダ以外の新しい聖典をつくり出すことができませんでした。その後カーヴィヤ・プルシャの力を引き継いだ聖仙たちは、『ラーマーヤナ』や『マハーバーラタ』を記述したと言われています。

インド神話ギモンと考察

修行して神に祈りを捧げ、子供を授けてくださいと願う親の話は数多い。サラスヴァティーも子供が欲しくて修行し、ブラフマーに願った。子供はつくるものではなく授かるものという考えなのかも。

インドの神様絵の元祖、近代絵画の父ラージャー・ラヴィ・ヴァルマー

インドの神様の絵といえば、目がぱっちりして肉感的な姿で、黄金のアクセサリーと色鮮やかな服をまとっている……このイメージをつくったのは、19世紀の画家、ラージャー・ラヴィ・ヴァルマーだ。インドの伝統的な絵画は、ラージプート絵画などに代表される平面的な絵柄が多かったが、ヴァルマーは西洋絵画の技法を学び、神々の絵を立体的に描いた。実はインドの彫刻の水準は非常に高く、立体的で、素晴らしいプロポーションの神々が数多くつくられている。いままでの伝統的な絵画とは異なる立体的なヴァルマーの絵は、まさに生きている神像だったのかもしれない。印刷技術の向上もあったので、彼の絵は爆発的に人気が出て、同じような絵柄の神様の肖像画が量産され、インド全土に広まった。もし彼の絵がなければ、いまの私たちが知っているインドの神様の絵はなかったかもしれない。

もとの絵

現代

チャームンダー

Profile Data

発音
Cāmuṇḍā
サンスクリット
चामुण्डा
持ち物
三叉戟
乗り物
フクロウ、死体

墓場で屍肉を食らう死の女神

チャームンダーは疫病や飢饉などを司る死の女神です。シヴァの妃であり、戦の女神ドゥルガーの相の一つとされています。カーリーが倒したドゥルガーの敵、チャンダとムンダの名前からつけられたとも、ヴィンディヤ山脈のチャームンディー山に住む女神だという説もあります。

チャームンダーの姿は他の神様とは違い、直接的に「死」をイメージさせます。骨が浮き出るほど痩せ、乳は垂れ下がり、死体の上に立っています。髑髏《どくろ》を連ねたネックレスをつけ毒蛇を体に巻きつけ、墓場で屍肉を食らう姿は、カーリー女神に勝るとも劣らない恐ろしさです。

カーリーは、聖典『デーヴィー・マーハートミャ』ではチャームンダーと呼ばれています。カーリーは老いや死を運ぶ「時間（カーラ）」そのものでもあります。カーリーでもあるチャームンダーは人が避けることのできない死の運命を象徴しているのでしょう。

インド神話 豆知識
シヴァ・リンガのような生殖器信仰、男根崇拝（ファルス崇拝）は世界中にある。日本では金山神社の「かなまら祭り」や田縣神社の「豊年祭」が有名で、世界中から観光客が押し寄せている。

column チャームンダーのちょっとイイ話

チャームンダーと『深い河（ディープ・リバー）』

映画にもなった遠藤周作の『深い河』は、インドが舞台の小説だ。主人公の一人である磯辺は、亡くなった妻の生まれ変わりを探すために、インドへと赴く。彼はその地でチャームンダー像と相見えることになる。生の苦しみを一身に引き受けるというチャームンダーの姿がとても印象的だ。興味があればぜひ読んでいただきたい。

チャームンダーの像

シータラー

赤い肌をした疫病の女神

天然痘や疫病の女神は、北インドや東インドではシータラー、南インドではマーリアンマンと呼ばれています。シータラーは、天然痘の女神として東インドのベンガル地方で信仰されています。ロバに乗り赤い服を着ており、手には短い箒や水瓶を持っています。赤い肌なのは熱を表しているのかもしれません。皮膚には天然痘を表すあばたが描かれることも。「偉大な母」とも呼ばれ、パールヴァティーやドゥルガーと同様にシヴァ神妃の一人と考えられています。

マーリアンマンは、シータラーと同じく土着の女神で、のちにシヴァ神妃に加えられた女神です。マーリアンマンは病気を治す女神としてとても人気があり、タミル・ナードゥ州の村落では、豊穣と雨の女神として崇拝されています。

人々はシータラーやマーリアンマンを祀ることで無病息災を願います。女性にとっては妊娠や安産の女神としても信仰されています。

Profile Data

発音
śītalā

サンスクリット
शीतला

別名
マーリアンマン(雨の母・女神)

持ち物
箒、水瓶、扇子

乗り物
ロバ、ライオン

インド神話豆知識

インド中に自生しているニームの木の葉は殺菌作用があり『アーユルヴェーダ』で使用されていて、現代でも薬効が注目されている。シータラーたちを迎える儀式ではニームの葉の煙を使うそうだ。

ガンガー

Profile Data

発音
Gaṅgā

サンスクリット
गंगा

別名
バドラソーマ（神聖な飲み物）、バーギーラティー（バーギラタ王が地上にもたらした者）、ハラシェーカラー（シヴァの頭髪）

持ち物
プルーナ・カラシャ（壺とココナッツを合わせたもの）、蓮の花、水瓶

乗り物
マカラ（ワニ）

聖なるガンジス川を神格化した女神

ガンガーは、ガンジス川が神格化された女神で、シヴァの妃であるパールヴァティーの姉妹でもあります。ガンガーが乗るマカラ（クンビーラ）という動物は、日本では海上の守り神である金毘羅（こんぴら）として親しまれています。

インドといえばガンジス川の沐浴風景を思い浮かべる人も多いかと思います。母なるガンジス川は、神々の住まうヒマラヤから流れる聖なる水を運んできます。ガンガーはシヴァとも関係が深く、ガンガーが天界から地上に降りる際に、シヴァが体を張って頭上で激流を受け止めたと言われています。ガンジス川の水はシヴァの体や髪を伝い地上に落ちているので、罪を浄化する特別な力があり、汲み置きしても腐らないと信じられてきました。ヒンドゥー教徒にとってガンジス川は神そのものでもあるのです。

また、『マハーバーラタ』に登場する王子ビーシュマはガンガーの息子です。ビーシュマはアルジュナたちの良き助言者でもありました。

ミーナークシー

南インドで大人気の女神

Profile Data

発音
mīnākṣī
サンスクリット
मीनाक्षी
持ち物
——
乗り物
緑色のオウム

ミーナークシーはタミル・ナードゥ州のマドゥライで信仰されている地方の女神です。神になる前は負け知らずの女戦士で、偉大な女王として国を治めていたという伝説があります。ミーナークシーは「魚の目の女神」の意味で、魚のように閉じない目で世界を見守っていると言われています。

あるとき、子供が欲しかった王様がシヴァに祈ると、炎の中から娘を授かりました。王様はとても喜びましたが、よく見ると王女の胸には3つの乳房がありました。不安に思った王様がシヴァに問うと、シヴァは「いずれ彼女の夫となるものが現れるときに、乳房は1つ消えるだろう。彼女を息子のように育てよ」と告げました。

シヴァの言葉通り育てられたミーナークシーは、強い女戦士へと成長しました。娘が年頃になったので、王様は婿選びの儀式を行いましたが、強さではだれも彼女に敵いませんでした。ミーナークシーは結婚せず、王位を継いで女王となり、1人で国を治めました。

インド神話 豆知識
日本でも過去に大ヒットした南インド映画『ムトゥ 踊るマハラジャ』でヒロインのランガを演じたミーナの名前は、女神ミーナークシーの名前の語源と同じらしい。ミーナには宝石の意味もある。

column ミーナークーシーのちょっとイイ話

ミーナークシーとマドゥライの寺院

南インドの村落には、正統なヒンドゥー教ではない土着の「アンマン」という母神への信仰がある。ミーナークシーもミーナークシーアンマンと呼ばれている地方の女神だし、天然痘の女神マーリアンマンも同じアンマンだ。マドゥライのミーナークシーアンマン寺院は大規模な門前町になっていて、いつでも人々の活気に満ち溢れている。

その後、領土を広げるために北方へと侵攻したミーナークシーは、シヴァ（スンダレーシュヴァラ）の率いる軍と戦います。ミーナークシーはシヴァを見て、一目で恋に落ちました。そのとき予言通り乳房は2つとなったので、彼女は戦いをやめ、シヴァを夫とし、2人で国に戻りました。ミーナークシーとシヴァは、末長く幸せに暮らしました。

ミーナークシーも他の地方の女神と同じく、シヴァの妃とされています。マドゥライのミーナークシーアンマン寺院は、巨大な塔門《ゴープラム》と塀に囲まれた南インド様式の大寺院です。ここはヒンドゥー教の聖地でもあるので、大勢の参拝客でいつもごった返しています。

ブラフマー

インド哲学の思想が神格化された世界の創造神

Profile Data

発音
Brahmā

サンスクリット
ब्रह्मा

別名
ヒラニヤガルバ(黄金の卵)、ローケーシャ(世界の主)、プラジャーパティ(生類の主)、スヴァヤムブー(自分自身でうまれた者)、梵天

持ち物
ヴェーダ、数珠、蓮の花、水瓶

乗り物
ハンサ鳥(あるいは白鳥)

ブラフマーは宇宙の最高原理ブラフマン(brahman)が神格化された神様です。ブラフマーは日本では梵天として知られています。「梵」とはブラフマンを訳した言葉で、バラモン教時代に生まれた「梵《ぼん》我《が》一《いち》如《にょ》」というインド哲学の思想では、とても大切にされていました。しかし、宇宙そのものを表すという抽象的な存在ということもあり、ヒンドゥー教の時代には徐々にその影響力が小さくなっていきます。

ヒンドゥー教には、ブラフマーが世界を創造し、ヴィシュヌが維持し、シヴァが破壊するという、この世は創造と破壊のサイクルをとるという世界観があります。叙事詩の時代の神話では、ブラフマーの地位はまだ高かったのですが、その三位一体の思想は徐々にヴィシュヌとシヴァの二神を最高神とする考え方に移っていきました。

絵画や彫刻では、四面の顔をした青年、あるいは老人の姿で描かれます。ブラフマーは神々や聖仙、魔神、人間など、この世の全てのものをつくり出したと考えられています。

インド神話 豆知識

「バラモン」の語源は、宇宙の最高原理ブラフマンや創造神ブラフマーと同じ「brahman」だ。サンスクリットの「ブラーフマナ」(brāhmaṇa)を漢字で訳すときに「婆羅門(バラモン)」と表現した。

４つの顔と４本の腕が特徴。水瓶には霊薬アムリタが入っている。蓮の花に座って描かれることもある。

ブラフマーは、バラモン教の時代の神話では原初の海から発生した蓮の中で目覚め、世界を創造します。しかしその物語は、ヒンドゥー教のヴィシュヌ派の神話では、ヴィシュヌと結びつけられ、ブラフマーはヴィシュヌの臍から生えた蓮の花の中で生まれたことになりました。ヴィシュヌの化身であるマツヤ（魚の姿をしたヴィシュヌ）は、もともとはブラフマーだったそうです。

また、あるときブラフマーは自分の妃を自分でつくろうと思い立ち、サラスヴァティーを生み出しました。彼女のあまりの美貌に見とれてしまい、どこからでも彼女を見ることができるようにと顔が五面になりました。しかし、その一つをシヴァに切り落とされたため、現在では四面になったという物語があります。どちらの物語も、ヴィシュヌやシヴァがブラフマーより上位の存在であることを示そうとしているようです。

このように、三位一体と言われる割には、ブラフマー自身が活躍する神話はヴィシュヌやシヴァほど多くありません。ブラフマーを祀る寺院の数が少ないことからも、人気がないのがわかります。しかし、ブラフマーが神々の中心となる存在であることには変わりありません。叙事詩やプラーナの物語の中では、神々の良き相談相手ですし、修行する者には神でも魔神でも関係なく力を与えます。ブラフマーはヴェーダの神でもあり、手にはヴェーダを持ち、４つの顔は４つのヴェーダを象徴していると言われています。

インド神話ギモンと考察

ブラフマーの語源の「ブラフマン」については、ブラフマンという神が崇拝されすぎてよくわからない抽象的な存在になってしまったので、宇宙の根本原理に設定した、という逆の説もあるらしい。

インド神話に登場するその他の古代の神々

紹介しきれなかった古代の神様などをまとめました。現在では他の神様たちに押されて人気はいまいちですが、神話では重要な役割がある神様たちです。

名前	ローマ字	特徴
ディヤウス	Dyaus	天空神。『リグ・ヴェーダ』に登場。ギリシャ神話のゼウスと語源が同じ。神々の父。
プリティヴィー	Pṛthvī	地母神。ディヤウスの妻で神々の母。豊穣の女神でもあり人々に食べ物を与えた。
トヴァシュトリ	Tvaṣṭṛ	創造主、工巧神。インドラのヴァジュラなど、神々の武器をつくった。農工作業の道具なども彼が生み出した。
ヴィシュヴァカルマン	Viśvakarman	創造主、建築家、工巧神。スーリヤの光から武器をつくった。空飛ぶ馬車プシュパカの製作者。
ルドラ	Rudra	嵐神。暴風雨が神格化された存在。怒ると世界を滅ぼす荒ぶる神で、のちにシヴァと同一視された。
ヴァーユ	Vāyu	風神。プラーナ（生気）から生まれた。インドラの御者でもあり友人でもある。ハヌマーンの父。北西を守護する。
ヴァルナ	Varuṇa	司法神。自然の秩序や命を守る神だったが、のちに水の神となった。西を守護する。
ミトラ	Mitra	友愛の神。友情や契約を守る。古代イランや西方で重視され、ローマ帝国で流行したミトラス教の主神になった。
ヴィヴァスヴァット	Vivasvat	太陽神。ヤマの父。スーリヤと同一視される。あまりに眩しすぎて妻が実家に帰ったことがある。
ウシャス	Uṣas	暁の女神。闇を払う美しい女神。スーリヤの恋人で、いつもスーリヤに追いかけられている。
ラートリー	Rātrī	夜の女神。暗闇を支配し安息を与える美しい女神。ウシャスの姉妹で、暁にウシャスと交代する。
アシュヴィン双神	Aśvinau	医療神。美貌の双子で、聖仙チャヴァナを若返らせたお礼にアムリタをもらい不死になった。
クベーラ	Kubēra	富の神。ヤクシャ族の長。地中に住み財宝を守る。ラーヴァナの腹違いの兄弟。北を守護する。仏教の多聞天、毘沙門天。
ヤクシャ・ヤクシー	Yakṣa	ヤクシャ族。地上に住む精霊。ヤクシャが男性で、ヤクシーは美しい女性。仏教では夜叉となった。

インドラ

神々の王と呼ばれし古代の英雄神

インドラは、『リグ・ヴェーダ』で最も多くの賛歌がある偉大な神で、アーリヤ人を神格化した存在とも言われています。「神々の王」とも呼ばれ、雷を操る軍神で、雨を閉じ込め人々を苦しめる魔神ヴリトラと戦います。

ヴリトラのような、ヴェーダの物語に登場する魔神たちは、アーリヤ人に対抗したインド土着の人々を表しているという説があります。インドラはアーリヤ人の神として、光り輝く軍神の姿で、華麗に魔神たちを退治します。

インドラは生まれるとすぐに母に捨てられ、父（あるいは創造神）が持つ不死の薬ソーマを盗んだために罰を受け、世界を放浪します。しかし、その後力を得て魔族を倒し、神々の王と呼ばれるようになりました。

インドラの輝かしい武勲は、バラモン教がヒンドゥー教に変遷していく際に変化していきます。インドラの持つ圧倒的な力は、ヴィシュヌやシヴァに移っていきます。

Profile Data

発音
Indra

サンスクリット
इन्द्र

別名
マヘーンドラ（偉大なるインドラ）、アマレーンドラ（不滅のインドラ）、ヴリトラハン（ヴリトラを殺す者）、シャクラ（帝王）、ヴァジュラパーニ（ヴァジュラを持つ者）、デーヴァパティ（神々の主）、マガヴァーン（惜しみなく与える者）、帝釈天

持ち物
金剛杵（ヴァジュラ）、弓（シャクラダヌス）、剣（パランジャ）

乗り物
アイラーヴァタ（白い象）、ウッチャイヒシュラヴァス（白馬）

インド神話 豆知識
『マハーバーラタ』では、インドラはヴィシュヌの力を借り、ヴリトラに勝利した。ヴリトラの部下カーラケーヤ一族は海底に逃げたが、聖仙が海水を飲み干したので隠れ場所を失い神々に倒された。

雷を象徴するヴァジュラを持つ荒ぶる雷神。乳海から生まれた白い聖象に乗った姿で描かれる。
金剛杵《こんごうしょ》
(ヴァジュラ)
アイラーヴァタ
(白い聖象)
象使いの杖
(アンクシャ)

『リグ・ヴェーダ』ではインドラは魔神ヴリトラを倒しますが、のちのヒンドゥー教の聖典では、「実はその力はヴィシュヌから得たものだ。ヴィシュヌが倒したのだ」とされてしまいます。他にも、インドラは聖仙の妻を寝とったので呪われてしまい、身体中に千の女性器（ヨーニ）をつけられてしまったとか、性器を奪われる呪いを受けたという、ちょっと辛いお話もあります。また、インドラはシヴァの息子であるスカンダに、軍神として将軍の地位を与えた。という物語があります。

これらのヒンドゥー教の物語を読むと、これでもか！　とインドラの力をシヴァやヴィシュヌが奪い取っていくようにも見えます。でもそれは、ブラフマーと同じで、バラモン教の中心にいた最高神の力を無視できず、なんとか自分たちが推す神様に力を与えようとした結果なのでしょう。ヴィシュヌ派やシヴァ派の信仰が形づくられていく過程で、神々の王であるインドラの力を得たヴィシュヌやシヴァは素晴らしいのだ、と理由づけをしたかったのかもしれません。

人々にとっては天界にいる神々と魔神との戦いより、ときどき地上に降りてくる神様の物語のほうが親しみやすいと感じたのでしょうか。でも、インドラは人々の信仰から消えてしまったわけではありません。現在ではインドラは、ローカパーラという方位を守る存在になり、東を守る神とされています。太陽が昇る東はとても重要な方角です。

インド神話 豆知識　古代、太陽神はスーリヤ以外にも、サヴィトリ、ヴィヴァスヴァット、アーディティヤ神群などがいた。それらはのちに、スーリヤの別名とされた。ヴィシュヌも太陽神だった。

スーリヤ

太陽を神格化した天翔ける神

スーリヤは古代の自然神で、太陽が神格化された存在です。7頭の馬がひく巨大な馬車に乗り、天空を駆け抜けます。ヴェーダにはスーリヤ以外の太陽神もたくさんいましたが、のちにスーリヤと同一視されるようになりました。スーリヤはとても人気がある神で、インド全土にスーリヤを祀った寺院があります。スーリヤ寺院の中には、寺院自体をスーリヤの馬車と見立てて建築されているものがあります。オリッサ州コナーラクにあるスーリヤ寺院は特に有名です。現在では、同じく太陽神だったヴィシュヌと関連づけられ、額にヴィシュヌのシンボルであるU字のマークをつけた姿で描かれることが多いようです。

暁の女神ウシャスは、スーリヤの恋人です。ウシャスは、スーリヤに先立ち東の空に現れて闇を払う神聖な存在です。スーリヤはいつもウシャスを追いかけています。スーリヤが抱きしめたらウシャスは消えてしまいますが、また次の朝には彼女は無事現れるので、追いかけっこは毎日続くのです。

Profile Data

発音
Sūrya

サンスクリット
सूर्य

別名
サヴィトリ（刺激を与える者）、ヴィヴァスヴァット（輝く者）、バースカラ（光をつくる者）、サプターシュヴァ（7頭の馬で引く車に乗るもの）、日天

持ち物
蓮の花

乗り物
7頭の馬がひく馬車、御者のアルナ

チャンドラ

夜を照らす美しき月の神

チャンドラは蓮の花や縄、棍棒、壺を持った姿で表されます。チャンドラはソーマとも呼ばれますが、これは不老不死の薬「ソーマ」と同一視されるようになったからです。ソーマ（ソーマ酒）は、バラモンたちも儀式の際に飲んでいたようですが、どんな飲料だったのかは謎です。ソーマ草という植物のエキスを絞って醗酵させていたそうですが、幻覚作用がある植物やキノコ類ではないかと言われています。

月が満ち欠けするのは、月はソーマが満たされた器なので、神々がソーマを飲むと減るからだという説や、ガネーシャに呪いをかけられたからだという説もあります。また、月食が起こるのは、ラーフという頭だけの魔神が月を食らうからだそうです。

チャンドラは聖仙ブリハスパティの妻ターラーに横恋慕《よこれんぼ》し、略奪したことがありました。その後チャンドラとターラーの間に生まれた子供が、クシャトリヤ階級の月種族（チャンドラヴァンシャ）の始祖になりました。

Profile Data

発音
chandra(soma)

サンスクリット
चन्द्र（सोम）

別名
ソーマ（不死の霊薬）、インドゥ（ソーマの雫）、ニシャーカラ（夜をつくる者）、シヴァシューカラ（シヴァの頭飾り）、月天

持ち物
縄、壺

乗り物
レイヨウが引く馬車

インド神話豆知識

ソーマ酒はヴェーダの時代からある神々の飲料だが、乳海攪拌のときに現れた霊薬アムリタと同一視さるようになった。古代のバラモンたちはソーマ酒を飲み、供物として捧げていたらしい。

ヤマ

Profile Data

発音

yama

サンスクリット

यम

別名

ムリティユ（死）、カーラ（時・暗黒）、アンタカ（最後のもの、死）、プレータラージャ（死者の王）、ダルマラージャ（正義の王）、閻魔

持ち物

杖（ヤマダンダ）、縄

乗り物

水牛、犬

死者の国を治める法と正義の神

ヤマは『リグ・ヴェーダ』にも登場する古い神です。ヤマは仏教に取り入れられ、日本ではおなじみの閻魔天《えんまてん》になりました。

ヤマは太陽神ヴィヴァスヴァットの子で、最初の人間として死を体験し、死者の国の王になりました。ヤマにはヤミー（ヤムナー川の女神）という双子の妹がいます。ヤマとヤミーが人類の始祖であるという説もありますが、『リグ・ヴェーダ』の物語では、ヤマは妹ヤミーからの熱烈な求愛を断っています。

古代では、死者の魂は天界にある死者の国で幸せになると考えられていました。しかし時代が過ぎると、仏教の閻魔天が地獄で人々の魂を裁くのと同じく、ヤマは死者の魂を裁くようになりました。現世で善行を積んだ魂はヤマの国に行き、罪を犯した者は地底にある地獄へと送られます。ヤマは手に持っている縄で魂を縛り、死者の国に連れていくそうです。

アグニ

天界に住まう神々に供物を届ける神聖な炎の神

Profile Data

発音
agni

サンスクリット
अग्नि

別名
ヴァイシュヴァーナラ（全ての人々にある普遍の炎）、烏枢沙摩明王、火天

持ち物
棍棒、ふいご、槍、炎

乗り物
牡羊

炎が神格化された神がアグニです。バラモン教では、炎は天と地を繋ぐ神聖なもので、炎に供物をあたえる（アグニに食べてもらう）ことで神々に捧げることができると考えられていました。アグニへの賛歌は『リグ・ヴェーダ』の5分の1を占め、インドラの次に多いのです。また、アグニはインドラの兄弟でもあります。

アグニの炎は、空では太陽に、空中では稲妻に、地上では祭火や台所で使うかまどの火になります。アグニは人体にも存在していて、思想の炎、怒りの炎にもなります。霊感を与え、詩想の源泉となる光でもあります。唯一なる炎が様々な形に姿を変えて現れるという考え方は、インド哲学の思想にも結びつきます。

アグニは嘘をつくことができません。そのため、罪なき清らな者は炎の中でもアグニに守られるため、炎の中を歩いても無事だと考えられています。あるときアグニが嘘をつかなかったことで大変な目にあった聖仙が、「食べ物を食べられないようになってしまえ」

ヒンドゥー教の祭火の儀式ホーマ。

19世紀に描かれた、牡羊に乗るアグニ。2つの顔を持つ。後光の部分は炎。

とアグニを呪おうとしました。しかしアグニは、「供物は私が食べることで神に届けられるのに、私を呪ったら神々が怒るぞ」と逆に聖仙をたしなめます。聖仙はアグニに謝罪し、「アグニ様が食べる供物は全て清められますように」と願ったといいます。

ヒンドゥー教の祭火の儀式ホーマでは、供物を炎にくべて、お祈りの言葉であるマントラを唱えます。マントラの最後を「スヴァーハー」と締めることがありますが、これはアグニに恋した女性の名前です。聖仙ダクシャの娘で、スカンダの代理母となりました。ちなみに、仏教で行われる護摩はホーマのことです。真言の最後を「薩婆訶（ソワカ）」で締めるのは、「スヴァーハー」からきているということです。

ナーガ

ときに魔神、ときに神々の守護者となる蛇神

Profile Data

発音
Nāga
サンスクリット
नाग
別名
ナーガラージャ（竜王）
持ち物
蓮の花（マナサーの場合）
乗り物
蛇

ナーガ（竜族）は蛇を神格化した存在です。ヒンドゥー教の寺院には、上半身が人間、下半身が蛇の姿をした半神の像や、コブラをイメージさせる頭部をもった、多頭の巨大な蛇の姿を見ることができます。

インドでは、猛毒を持つ蛇（コブラ）は一瞬にして命を奪う存在として、人々に恐れられ、信仰の対象となっています。現在でも道端や木の下には蛇の姿を模った「ナーガッカル」と呼ばれる石像が多数祀られています。インド神話に数多くのナーガが登場するのは、このような土着の蛇信仰が正統なヒンドゥー教の中に取り込まれていったからです。

インド神話には多くのナーガが登場し、特に偉大なナーガは「ナーガラージャ」（竜王）と呼ばれています。

バラモン教の時代、『リグ・ヴェーダ』に登場する魔神ヴリトラはナーガです。雨を閉じ込めるヴリトラは、英雄神であるインドラに倒されます。

インド神話豆知識
蛇は毒で命を奪うだけではなく、脱皮することから再生の象徴でもある。満ち欠けする月と同様、蛇は不死と生命を司る。交尾し絡み合う雌雄の蛇は、シャクティや豊穣のシンボルでもある。

ナーガは様々な姿で描かれるが、イラストは美しくも恐ろしい蛇の女神マナサー。

しかしヒンドゥー教の時代には、ナーガは神々に敵対する魔神としてではなく、良き協力者として登場するようになります。

ヴィシュヌの守護者である竜王アナンタ（シェーシャ）は、原初の海に横たわるヴィシュヌの寝床となります。アナンタは、ヴィシュヌがクリシュナに転生したときには、兄バララーマとしてともに地上に降り、クリシュナを守ります。また、クリシュナはヴィシュヌそのものなので、バララーマ（アナンタ）がヴィシュヌの化身であるという説もあります。

乳海攪拌のときに縄となったのは竜王ヴァースキです。ヴァースキはこのとき毒を吐いてしまいますが、シヴァがその毒を飲み込み世界を救ったという物語があります。

若い頃のクリシュナが退治したのは、ヤムナー川を毒で濁した竜王カーリヤでした。その後カーリヤたちはクリシュナに帰依し、住処を移動しました。

ナーガを征服するか、あるいはナーガを守護者とすることで、インドの神々は土着の神々の力を取り入れていったのでしょう。仏教に取り入れられた有名なナーガラージャはムチャリンダです。瞑想するブッダの背後から傘のように頭上を守る姿は、彫刻にも多く残っています。

のちにベンガル地方の蛇女神マナサーや、クリシュナの兄バララーマに転生したアナンタのように、ナーガそのものがヒンドゥー教の神として信仰されるようになります。

インド神話 豆知識

ナーガ一族は地底界パーターラや河川に住んでいる。男性はナーガ、女性はナーギー、ナーギニーといい、美形揃いらしい。下半身が蛇の状態のナーガたちは、寺院の門や壁面に彫刻されることがある。

神話に登場するナーガたち

名前	特徴
ヴリトラ	インドラの敵。雨を閉じ込め人々を苦しめ、インドラに退治される。
アナンタ（シェーシャ）	シェーシャはパーターラ（地底界）の王。アナンタは「永遠」という意味がある。
ヴァースキ	乳海攪拌のときに縄になった。苦しくて吐いた毒はシヴァが飲み込んだ。
カルコータカ	ナラ王に命を救われたお礼に、魔神カリを毒で制し、ナラ王を助けた。
ウルーピー	アルジュナに一目惚れして強引に妻になった竜王カウラヴィヤの娘。
カーリヤ	ヤムナー川を毒で汚したのでクリシュナに退治され、別の場所に引っ越した。
タクシャカ	アルジュナの孫パリクシット王を毒で殺した狡猾な竜王。

マナサーは、聖仙カシュヤパの娘だとも、ナーガ族の始祖カドゥルーが生んだ子供たちの中の一人でシェーシャの妹だとも、シヴァの家族とも言われています。マナサーは信仰する者には幸せを与えますが、ないがしろにすると非常に恐ろしい女神です。妊娠、出産、子育ての女神として、女性たちにとても大切にされています。

インドでは、7月～8月頃、ナーガパンチャミーというお祭りがあります。南インドやベンガル州、マハーラーシュトラ州などが特に有名で、蛇や蛇の像に牛乳を捧げます。蛇が多くなる季節の前に蛇にお祈りを捧げ、毒蛇に噛まれるのを防ぐためだそうです。

ガルダ

Profile Data

発音
Garuḍa

サンスクリット
गरुड

別名
ヴァイナテーナ（ヴィナターの子）、ヴィナーヤカ（白い顔をした者）、ラクタパクシャ（赤い翼を持つ者）、迦楼羅天

持ち物
—

乗り物
—

単身で天界に乗り込みアムリタを奪った半神

ガルダは翼を持ち、鳥の顔と嘴《くちばし》を持った半神です。蛇神であるナーガ（竜族）の天敵で、ナーガを食らいます。ガルダは大聖仙カシュヤパと妻ヴィナターの間に生まれました。ガルダが生まれたとき、ガルダの母はカシュヤパのもう一人の妻カドゥルーとの賭けに敗れ、ナーガ一族の奴隷になっていました。ガルダは奴隷である母を解放したいとカドゥルーに告げると、カドゥルーは天界にあるアムリタを奪ってくるなら母を解放しようと条件を出しました。ガルダは母を救うため、空を飛んで天界へ行きました。

ガルダはさっそくアムリタが保管されている場所へ向かいました。神々は必死に戦いましたが、ガルダは神々を打ち負かし、アムリタを奪います。インドラは、単身天界に乗り込んだガルダの強さに惚れ込み友人になりました。ヴィシュヌもガルダの戦いを見て感激し、彼の願い通り不老不死の体と、ナーガを食らう許可を与えました。ガルダはお礼にと、ヴィシュヌの乗り物になりました。その後ガルダは母を解放し、幸せに暮らしました。

インド神話豆知識
アムリタを持ち帰ったガルダは、母を奴隷から解放した。しかしガルダの奸計により、ナーガがアムリタを飲む前にアムリタの壺はインドラに奪われてしまう。ナーガは結局不死になれなかった。

アプサラス／ガンダルヴァ

天界や清らかな水辺に住む神々の使い

アプサラスとガンダルヴァの起源は古く、ヴェーダの時代には既に登場しています。彼らは空を舞う天使や水の精霊のような種族と考えられてきました。

アプサラスは女性で、天女のような存在として、天界で神々とともに暮らしていますが、地上では水鳥の姿で水辺に住んでいます。ガンダルヴァは男性で、天界の楽師です。翼があり、下半身は鳥の姿をしています。アプサラスとガンダルヴァは番《つが》いになるよう定められていますが、アプサラスは相手が男性であれば種族を問わず恋人になることもあります。

アプサラスは、神も心を奪われるほどの見目麗しい姿をしているので、神々に命じられて色仕掛けに利用されることがあります。無理やり聖仙のところに向かわされ、石にされてしまったかわいそうなランバーや、神々に刃向かう兄弟魔物を誘惑し、お互いに戦わせて滅ぼした絶世の美女ティローッタマーが有名です。人間の男と恋に落ち結ばれ、幸せになったウルヴァシーの物語もよく知られています。

Profile Data

発音
Apsaras
/gandharva

サンスクリット
अप्सरस् /गन्धर्व

別名
乾闥婆（ガンダルヴァ）

持ち物
楽器（ガンダルヴァ）

乗り物
—

ダーキニー

カーリーの従者にして墓場に集う魔女

Profile Data

発音
ḍākinī
サンスクリット
डाकिनी
持ち物
剣、杯
乗り物
ジャッカル

ダーキニーは血を好む女神カーリーの従者で、ジャッカルを乗り物とし、墓場に集う魔女のような存在です。ダーキニーたちは夜になると不吉な場所に集まり、空を飛んだり屍肉を食らったりするそうです。日本では荼吉尼天《だきにてん》として仏教に取り入れられ、稲荷神社の御本尊として祀られています。タントリズムが盛んだった時代、彼女たちは大女神（マハーデーヴィー）の力を表す姿として崇拝されていました。タントリズムの影響を強く受けた仏教は、ヒマラヤを経由しチベット仏教へと発展しました。チベット仏教のダーキニーは裸で髑髏の杯を持った姿で描かれ、智恵を授ける重要な存在です。

また、ダーキニーはヨーギニー（女性の修行者、カーリーの従者）とも同一視されます。女神信仰では、ドゥルガーの髪から生まれた偉大な八母神（マトリカス）にはそれぞれ8人の従者であるヨーギニーがいます。つまり合計64人、女神たちの従者がいます。ドゥルガー自身もヨーギニーと呼ばれることがあります。

インド神話 豆知識
南インドには、罪を清め輪廻から救済しどんな願いも叶えるという土着の神様がいる。ヴィシュヌの化身ヴェーンカテーシュヴァラだ。鋭い眼光から信者を守るため、像の顔は目隠しで覆ってある。

カーマ

Profile Data

発音

Kāma

サンスクリット

काम

別名

カーマデーヴァ（愛の神）、アビルーパ（美しい姿をした者）、アナンガ（姿がない者）、マーラ（殺戮者）、プシュパダヌス（弓を花で飾っている者）

持ち物

さとうきびの弓と花でできた矢

乗り物

オウム

矢で心を射抜くインドのキューピッド

カーマはカーマデーヴァ（愛の神）とも呼ばれ、愛を司る神です。美しい青年の姿でオウムに乗り、特殊な弓矢を持っています。さとうきびの弓、蜜蜂が連なってできた弦、矢の先端には蓮の花やジャスミンなどの5つの花。なんともかわいい弓矢ですが、愛の矢に射抜かれた者は、たちまち恋に落ちます。

あるときカーマはシヴァの怒りを買い、体を燃やされてしまいます。そのため「愛」は「姿がないもの」（アナンガ）となりました。カーマの妻ラティは夫を失い嘆き悲しみますが、その後カーマはクリシュナとルクミニーの息子に転生し、妻のラティと出会い幸せに暮らしました。

カーマには、ヴァサンタ（春）という友人がいます。カーマはヴァサンタと一緒に歩くのが好きなので、春は恋に落ちやすいのだとか。また、愛の経典『カーマ・スートラ』では、肉体の欲求は恥ずべきものではなく、受け入れて楽しむものと位置づけています。

神様と一体化したいと願う「タントリズム」

タントリズムは、神と一体化するための思想の一つだ。女神信仰と関連が深いが、ヴィシュヌ派や仏教でも流行していて、日本には密教として入ってきている。タントリズムには男性原理と女性原理の合一で神に近づく、という考え方があって、ヴェーダの祭式とは真逆の、あえて不浄とされる血などの「ケガレ」に触れる左道の儀式や性的儀礼が行われていたこともあったらしい。その後、そのような儀式は廃れて、精神的に神と一体化するための手段を論じる思想のほうが主流になっていった。インド中部のヒラープルにある「チャウサト・ヨーギニー寺院」は、タントリズムが盛んだった頃につくられた寺院で、円形で屋根がない独特の建物の壁には64体のヨーギニー像が飾られている。カーリーの従者にはヨーギニー、ダーキニーがいるが、タントリズムでは性的儀式を行うときのパートナーという意味もあって、こうした女神像は重要視されたらしい。

◉チンナマスター

チンナマスター（断頭女）という図像。飢えた従者（ダーキニー）たちに自らの血を与える女神。足元には性交する男女。女神はシャクティの表れという。

◉ヨーギニー寺院

ヒラープルのチャウサト・ヨーギニー寺院。

インド神話豆知識

世界遺産カジュラーホー寺院群の、壁面を埋める官能的な男女交合像（ミトゥナ像）もタントリズムの影響を受けている。北インドの寺院だが、森に覆われたのでムスリムからの破壊を免れたらしい。

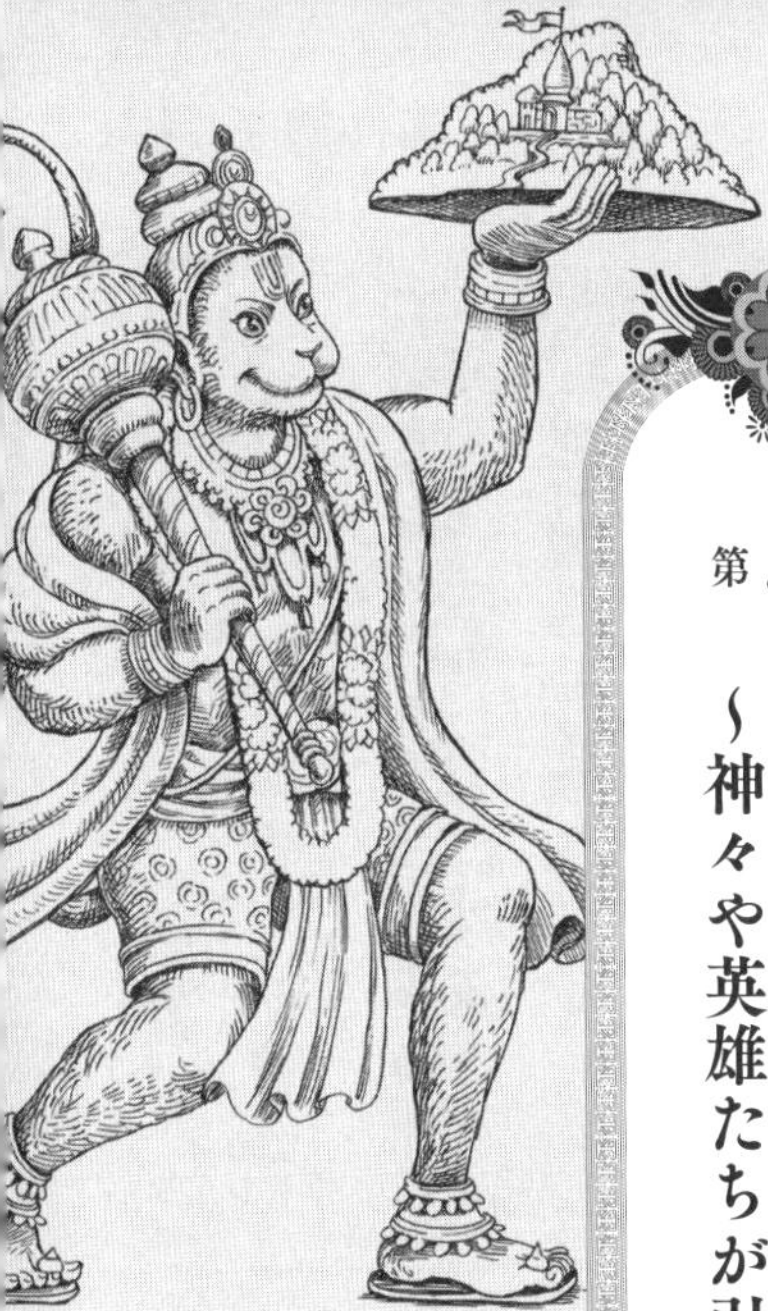

第3章

神々の事件簿

～神々や英雄たちが引き起こした数々の大事件～

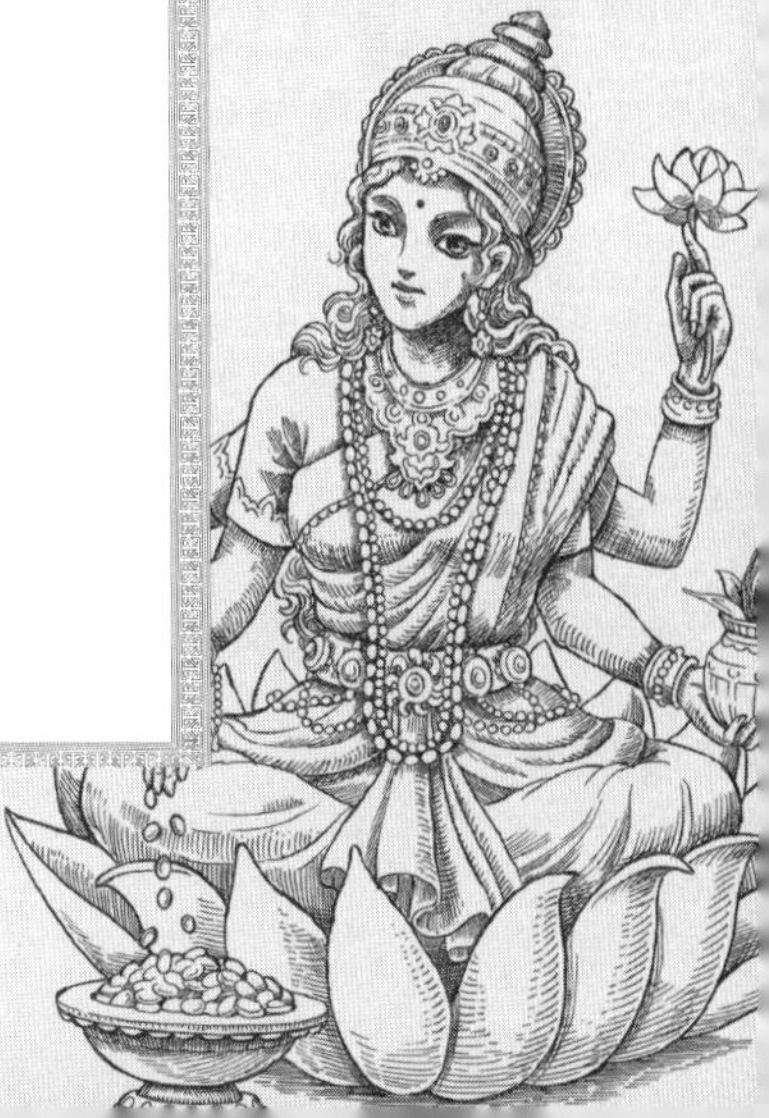

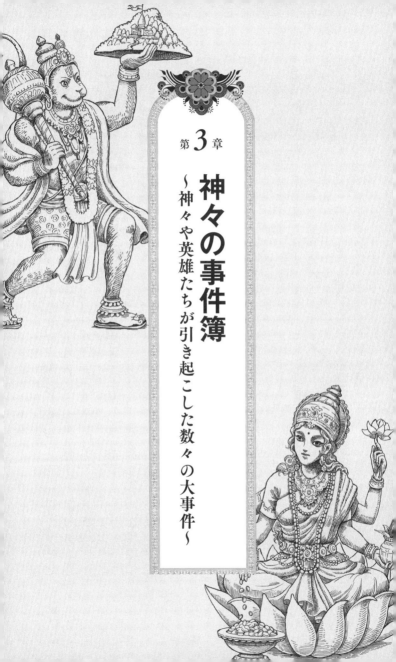

乳海攪拌事件

海をかき混ぜ不老不死の薬をゲット！

主要人物
ヴィシュヌ

むかしむかし、神々と魔神たちが戦いに明け暮れていた頃のお話。魔神たちの強さに辟易とし戦いに疲れた神々は、なんとか不死の霊薬アムリタを手に入れて力を取り戻したいと考えていました。ブラフマーから相談を受けたヴィシュヌは「神々と魔神で海をかき混ぜれば、そこから宝物と一緒にアムリタを得ることができるだろう」と伝えました。神々は魔神に、アムリタを得るため協力を持ちかけ、一緒に海をかき混ぜることになりました。

さて神々は、海を混ぜるための攪拌棒にマンダラ山を使おうとしましたが、大きすぎる山は簡単には引き抜けません。そのためブラフマーは、巨大なナーガである竜王アナンタに山を引き抜かせて海に運び、亀の王アクーパーラ（あるいはヴィシュヌの化身である大亀クールマ）を支点にしてその背に山を乗せ、竜王ヴァースキを綱代わりに山に巻きつけました。神々と魔神たちがお互いの綱の端を持ち、ぐるぐると引っ張り海を攪拌しました。

あまりにも強く引っ張られたヴァースキ

column インド神話こぼれ話

乳海攪拌の神話

乳海攪拌の物語は『マハーバーラタ』『ラーマーヤナ』両方に収録されている。海に棒を入れてかき混ぜ何かを生み出すという行為は、性交の暗喩のようでもあるし、牛乳からバターをつくるときの一連の作業、壺に入れた牛乳を棒でかき混ぜるときの様子を模しているようでもある。バターを蒸留したバター油のギーは神聖なものとされて、儀式にも使用する。

は、苦しくなって口から毒をまき散らしました。その毒で世界が滅びそうになったので、シヴァが毒を飲み込み世界を救いました。毒のせいでシヴァの喉は青くなってしまいました。また、摩擦により炎が起き山火事になり、山に住んでいた多くの生き物たちが死にました。インドラは雨を降らせて火事を消すと、山から流れた様々な汁が海と混じり合い、乳のような海になりました。汁はアムリタに似た液体になり、それを飲んだ神々は不死になりましたが、まだ本物のアムリタは現れません。

　ヴィシュヌはブラフマーから力を貸して欲しいと頼まれ、神々に力を与え、もっともっと海を攪拌しました。そうすると、海はギー（バター油）となり、太陽《スーリヤ》と月《チャンドラ》が現れました。

海からはラクシュミー、酒の女神ヴァルニー、白馬ウッチャイイヒシュラヴァス、宝珠カウストゥヴァが現れ、他にも聖樹パーリジャータ、アプサラス、聖なる牝牛が生まれました。そして最後にアムリタの入った壺を持った神々の医師ダヌヴァンタリが現れました。

ラクシュミーはヴィシュヌの左膝に座ったので、彼女を妻としました。白馬ウッチャイヒシュラヴァスはインドラが、宝珠カウストゥヴァはヴィシュヌの胸を飾りました。魔神たちは神々より先にアムリタを獲得しましたが、美女モーヒニーに化けたヴィシュヌの奸計により壺を奪われてしまい、アムリタは神々だけが独占しました。


ちなみにそのとき、魔神ラーフが神々に化けてアムリタを飲もうとしていましたが、太陽と月に告げ口され、飲んでいる途中にヴィシュヌに首を切られてしまいました。アムリタのため不死となったラーフの首は空へと飛びあがり、それから太陽と月を追いかけるようになりました。日食と月食が起こるのはラーフが太陽と月を食べるからです。

さて、アムリタを奪われた魔神たちは激怒し、神々に戦いを挑みましたが、アムリタを飲んだ神々にはかないませんでした。神々はマンダラ山をもとの場所に戻し、残ったアムリタを大切に保管して、インドラがそれを守るようになったといいます。

乳海攪拌にまつわるアート

竜王ヴァースキを綱代わりに山に巻きつけ引っ張り、回して乳海を攪拌している様子。

竜王ヴァースキがまき散らした毒を、シヴァが飲み込んで世界を救うシーン。

ヴィシュヌ女体化事件

女体化したヴィシュヌを愛したシヴァ

主要人物
ヴィシュヌ

乳海攪拌の物語で、不死の薬アムリタを持った神医ダヌヴァンタリが現れたときのお話です。

神々と魔神たちは、アムリタを求めて我先にと壺に群がりましたが、魔神たちが先にアムリタが入った壺を奪ってしまいました。アムリタを魔神たちに渡すことはできないと考えたヴィシュヌは、光り輝く美女モーヒニーに変身して魔神たちに近づきました。

華やかな美貌に骨抜きにされた魔神たちは、モーヒニーに壺を渡し、彼女の采配でアムリタを分けるように願います。しかしモーヒニーは魔神たちを出し抜いて、神々に壺を渡したのでした。

モーヒニーの活躍を見て、その美しさと賢さに心を奪われたシヴァは、彼女に言い寄りました。モーヒニーとシヴァはそのまま熱い一夜を過ごしたのですが、その結果モーヒニーは妊娠してしまいました。生まれた息子はハリハラと呼ばれ、ヴィシュヌとシヴァの両方の素晴らしさを持った神となりました。

インド神話 豆知識

ハリハラのように、別の神が一体化した姿は他にもある。シヴァとパールヴァティーが合体した「アルダナーリーシュヴァラ」は、右半分がシヴァ、左半分がパールヴァティーだ。

column インド神話こぼれ話

ヴィシュヌとシヴァの子ハリハラ

ヴィシュヌとシヴァの子供はハリハラと呼ばれ、体の半分がヴィシュヌ（ハリ）、半分がシヴァ（ハラ）の姿で表される。南インドではアイヤッパンと呼ばれ、ケーララ州で特に人気がある。「ハリハラプトラ」とも言われる。アイヤッパンは虎に乗った姿か、ヨガのときに使うベルトを足に巻いて座っている姿で表される。修行者なので独身の神らしい。アイヤッパンが祀られているサバリマラ寺院はとても有名で、信者たちは黒い服をきて裸足で参拝する。正統なヒンドゥー教の聖典では、シヴァの息子はガネーシャとスカンダの２人ということになっているので、アイヤッパンも他の神々と同じく、のちにヒンドゥー教に吸収された地方の神の一人なのだ。

虎に乗った少年時代のアイヤッパンは、マニカンタと呼ばれる。

体の半分がヴィシュヌで、半分がシヴァとして描かれるハリハラ。

精液盗難事件

盗んだ精液から誕生したスカンダ！

主要人物
スカンダ

あるとき、偉大な7人の聖仙たちが儀式を行ったとき、炎の中にアグニが呼び出されました。アグニは聖仙たちの美しき妻に一目惚れしてしまいましたが、人妻に手を出すわけにもいかず、彼女たちの家のかまどの炎の中からこっそり姿を盗み見ては、ため息をついていました。恋い焦がれすぎたアグニは、このまま体を捨ててしまおうと決意して、森へと向かいました。

さて、聖仙ダクシャ（シヴァの最初の妻サティーの父）の娘スヴァーハーは、アグニにずっと片思いしていました。アグニが森に入っていくのを見た彼女は、あとをおいかけます。スヴァーハーはアグニが聖仙たちの妻に片思いしているのを知っていましたので、まずは大聖仙アンギラスの妻シヴァーに化け、アグニの前に現れました。

アグニは心から喜びました。まさかスヴァーハーが化けているとはつゆ知らず、恋していた聖仙の妻に「アグニ様をずっとお慕いしております」と告白されたのです。2人は結ばれ、スヴァーハーも思いを遂げて幸せでした。

精液盗難事件を巡る人物相関図

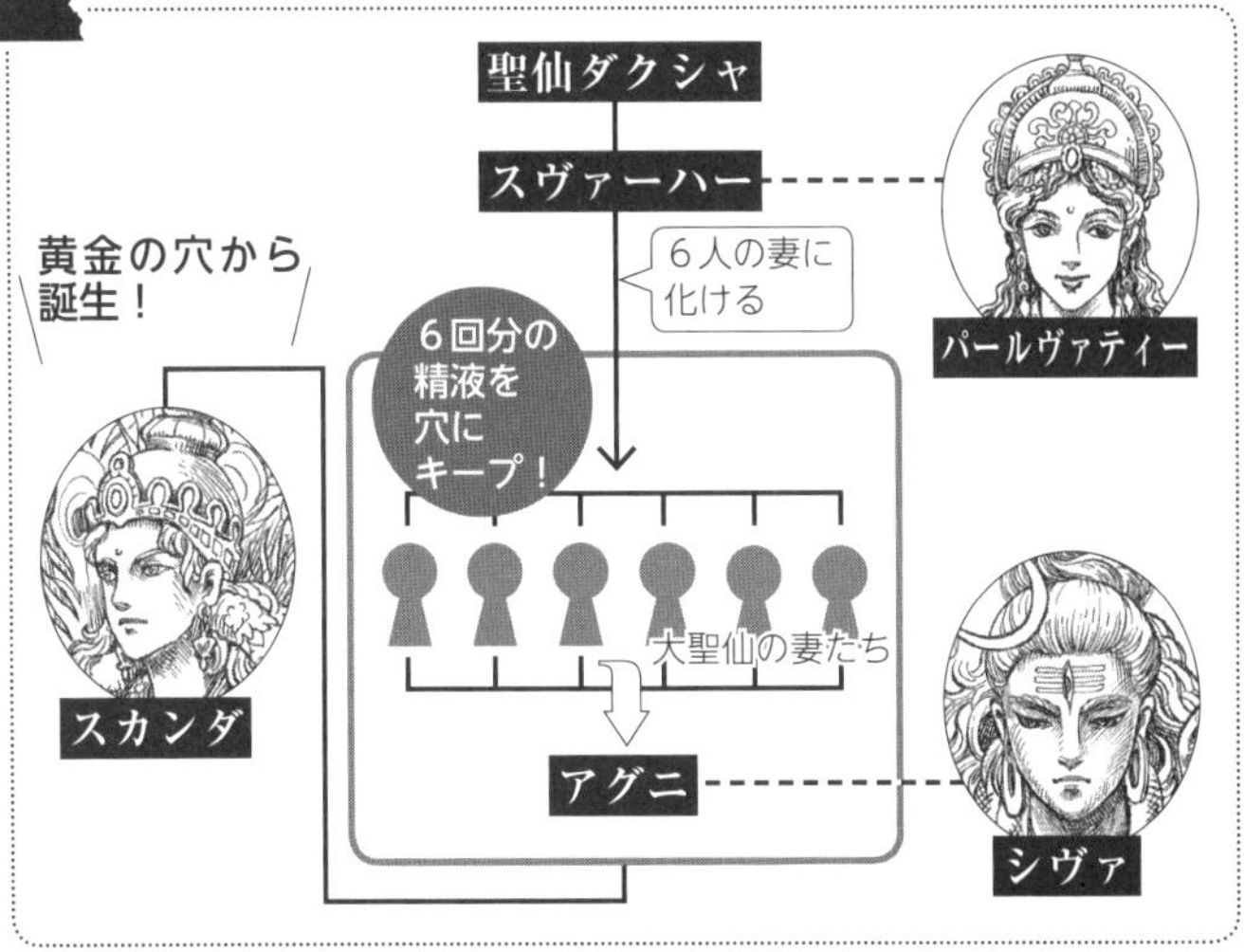

アグニの精液を得た彼女は、見つからないようにと森を出て、空を飛んでシュヴェーダ山へ行き、黄金の穴の中に精液を落とし保存しました。その後スヴァーハーは、聖仙の妻に代わる代わる化けてアグニと会い、その都度精液を穴の中に入れたのです。1人だけ貞淑すぎて化けることができなかった妻を除き、6回分の精液を入れた穴から、スカンダが生まれました。スカンダは6つの顔を持ち、12本の腕を持つ姿をしていました。スカンダは4日目にして完全な姿になり、彼の咆哮は世界中を震えあがらせたのです。スカンダはその後インドラと戦い、インドラから認められて神々の軍の総大将の地位を得ました。

しかし、スカンダの出自は大聖仙たちの

妻とアグニの子であるという噂が流れたため、6人の聖仙の妻たちは離縁されてしまいました。妻たちはスカンダのもとに行って願いました。「あなたは私たちから生まれたと噂されています。どうかその噂が誤解であると示してください」

スカンダは聖仙の妻たちの潔白を証明するために、彼女たちを空に輝く6個の星、すばる座（カールティケーヤ）にしました。

アグニと交わったスヴァーハーも願いました。「私はあなたの実の母です。ダクシャの娘である私は、ずっと祭火を愛していました。私はアグニ様をお慕いしています。永遠にアグニ様と一緒にいられるようにしてください」

スカンダはその望みを叶え、炎に供物を投じるときに「スヴァーハー」と唱えるようになりました。

その後ブラフマーは、スカンダに真実を告げました。「実はそなたはシヴァとパールヴァティーの子なのだ。シヴァはアグニの体の中に入り、パールヴァティーはスヴァーハーの体に入り込んでいたのだ」と。

話を聞いたスカンダは、シヴァとパールヴァティーのもとに行き、父であるシヴァに敬意を表したのでした。

スカンダが神々の将軍になったあと、魔神マヒシャが軍を率いてシヴァとパールヴァティーを襲いました。スカンダは槍を投げてマヒシャを倒し、魔神たちを皆殺しにしました。インドラや神々、聖仙たちは、スカンダの武勲を褒め称えたのでした。

インド神話 豆知識

インド神話に登場する王家は、月種族（チャンドラ・ヴァンシャ）と太陽種族（スーリヤ・ヴァンシャ）に分かれる。月種族は月神チャンドラ、太陽種族は太陽神ヴィヴァスヴァットの子孫だという。

スカンダ誕生にまつわるアート

インドラとデーヴァセーナーに会うスカンダ。

スカンダの起源は古く、アグニとともに彫刻にされている。マトゥラー博物館蔵（1世紀）。

ミーナークシーアンマン寺院の壁面を飾るスカンダ。

スカンダ誕生秘話

山や森を覆い尽くす精液の大洪水

主要人物
シヴァ

シヴァとパールヴァティーはとても仲が良かったのですが、どんなに愛し合っても子供ができませんでした。神々は不安になり、ひれ伏してシヴァに願い出ました。

「シヴァ様、パールヴァティー様と一緒に修行したほうがよいのではないでしょうか。性交を控えて精力を蓄え、この世界を守ってください」と。

シヴァは「たしかにその通りだ。しかし、精を貯め続けることはできないだろう。受け止める存在がいないのであれば、溢れ出た精はどうなるのか」と聞きました。

神々は「そのときには、大地の女神があなたの精を受け止めるので問題ありません」と答えたので、シヴァは貯めていた精を放ちました。

シヴァの精は溢れ続け、山や森を覆い尽くし、やがて大地はシヴァの精でいっぱいになってしまいました。

神々に頼まれた風の神ヴァーユと炎の神アグニは、シヴァの精液を受け止め、シュヴェータ山とシャラ・ヴァナの森をつくりました。

パールヴァティーは激怒し神々を呪いました。「私は夫と交わることを禁じられ、このままでは子供が産めない。そなたたちの妻も子を産めないようにしよう。夫の精を受け止めた大地の女神よ、そなたは多くの男の妻となるだろう。しかも子供のもたらす喜びを味わうことはないだろう」と。

神々は困ったことになったとブラフマーに相談したところ、「我々は呪いのため子をなすことはできないが、ヒマラヤにいるパールヴァティーの姉ガンガーに、アグニが受け取ったシヴァの精を注げばよい。生まれた子供はパールヴァティーも可愛がるだろう」と助言しました。

神々に頼まれたアグニは、ガンガーにシヴァの精を注ぎました。身体中に注がれた炎のような精にガンガーは慄《おのの》きます。ガンガーの体から大地に落ちた精は地中に染み込み、黄金や鉄などの金属になりました。

その後ガンガーは、黄金色に輝く子供を産み落としました。赤子が落ちたその場所にあった木や草は全て黄金に変わりました。赤子はスカンダと名づけられ、すばる座の六女神はスカンダに乳を与え、みんなの息子としました。スカンダは6人の母から乳を吸ったので、6つの顔を持つようになったのでした。

神々は「この息子は三界に名をとどろかす者となるだろう」と予言しました。その通り、1日で素晴らしい少年（クマーラ）に成長したスカンダは、魔神たちの軍勢と戦い、見事勝利したのでした。

サーヴィトリー物語

死の神ヤマ、女性に根負けして死者蘇生！

主要人物
サーヴィトリー

むかしむかし、マドラ国に立派な王様がいました。王様はなかなか子供を授からなかったので、18年もの間苦行を行い、女神サーヴィトリーに「どうか私に子供を授けてください」と願いました。女神は王様の苦行に満足したので、玉のように美しい女の子を授けました。王様はとても喜び、女神の名をとって娘をサーヴィトリーと名づけました。彼女は女神のように素晴らしく美しい娘に成長しました。

しかし、困ったことが起こりました。サーヴィトリー姫はあまりにも美しすぎたので、並み居る王族たちも気が引けてしまい、だれも彼女に結婚の申し込みをしなかったのです。悩み抜いた王様は「自分で気に入った男を探してきなさい」と姫に命じ、旅に出しました。

姫は言いつけ通り旅に出ることにしました。黄金の馬車に乗り、大臣を引き連れて旅をして、賢者や聖仙庵を訪ね、見識を深めました。長い旅から戻った姫は、気に入った相手は見つかったのかと問うた父王に、さっそく報告しました。

「いままでは隠遁地で父とともに暮らしている、シャールヴァ国の盲目王の息子、サティヤヴァットに決めました。彼ほど素晴らしい人物はいません。結婚するなら彼しかいません」

姫の言葉を聞いて、隣にいた聖仙ナーラダは眉をしかめました。サティヤヴァット王子は、並ぶものがいないほど素晴らしい素質を持った若者でしたが、あと1年しか生きられない命だったのです。

そのことを知った王は、姫にサティヤヴァットを諦めるようにと諭しましたが、姫の決意は固く、考えを変えさせることはできません。諦めた王は2人の結婚を許しました。

サティヤヴァット王子と結ばれたサーヴィトリー姫は、王子の家族たちと森の奥で幸せに暮らしました。しかし、姫の心の中は穏やかではありませんでした。夫の寿命が刻一刻と迫っているのです。残りの命があと4日となってしまった日、サーヴィトリーは断食をはじめました。そして最後の日、夫とともに森の外に出かけました。しばらくして、夫は「頭が痛いから休みたい」と横になりました。夫の頭を膝に乗せながら、ついに最期の時が迫ってきたと、サーヴィトリーは身構えました。

そのとき、突然目の前に見知らぬ男が現れました。大きな冠をかぶり、美しく着飾った男は、どう見ても普通の人間には見えません。サーヴィトリーは勇気を出し「あなたはだれですか」と問うと、男は「私は正義と死の神ヤマだ。そなたの夫の寿命が尽きたので死者の世界に連れていく。そなたの夫は優れた徳を持っているので、部下ではなく私が直々に出向いたのだ」と答え、夫の魂を縄でしばって連れて行こうとしました。

サーヴィトリーはヤマを必死に引き止めようと、あとを追いました。しかしヤマは、「夫はもう死んだのだから、家に戻って夫の葬式をしなさい。断食で弱った体でわたしを追いかけても何もいいことはない」と諭します。でも、彼女は諦めませんでした。「素晴らしきヤマ様。わたしはあの方がどこに連れて行かれようと絶対にそばからはなれません。どんなときでも一緒にいると誓ったのです。誓いを破ることができないのは、法と正義の神である偉大なヤマ様もおわかりでしょう?」と、ヤマを説得しました。ヤマは彼女の言葉に満足し、夫の命以外の望みをなんでも叶えてやることにしました。サーヴィトリーは、義父の目が見えるようにと願い、ヤマは願いを聞き届けました。その調子で、サーヴィトリーはヤマを褒め称え、そのたびに1つ願い事が叶いました。

最後に「百人の子供を授けてください」という願いを叶えてもらったあと、サーヴィトリーはヤマに微笑みました。「わたしはサティヤヴァット以外を夫にすることはできないと誓っております。彼がいなければ、わたしは子供を得ることができません。先ほどの願いを叶えるために、夫の命を蘇らせてください。もしそれができないと、ヤマ様は誓いを破ることになります」と。まんまと罠に嵌められたことを知ったヤマは、サーヴィトリーの賢さを褒め称え、サティヤヴァットの魂を体に戻し、死者の国に戻りました。

実はサーヴィトリーは、義父の目の他にも、国を追われた義父がまた国に戻れますようになど、いくつもの願い事を叶えてもらっていました。無事に家に戻ったサーヴィトリーは、目が見えるようになった義父に、夫に何があったのかを全て話しました。

その後、シャールヴァ国の大臣に呼び戻されたサティヤヴァットたちは、国に戻って王位を継ぎ、皆で幸せに暮らしました。

サーヴィトリー物語にまつわるアート

夫の魂を連れていこうとする死者の王ヤマに、必死に懇願するサーヴィトリー。

ナラ王物語

婿選びの儀式に大成功!

主要人物
ダマヤンティー

むかしむかし、ニシャダ国にナラという王様がいました。ナラ王は信心深く、徳も高く人望も厚く、戦車や馬の扱いも長けたすばらしい人物でした。また、同じ頃ヴィダルバ国にはダマヤンティーという名の姫がいました。その美しさは、天女であるアプサラスも恥じ入るほどでした。ナラ王はダマヤンティー姫の噂を聞き、またダマヤンティー姫はナラ王の噂を聞き、お互いに恋心を抱くようになりました。

ナラ王は、黄金のハンサ鳥の命を助ける代わりに、遠い国にいるダマヤンティーに想いを伝えて欲しいとお願いしました。ダマヤンティーも自分の想いをハンサ鳥に伝え、2人は心が通じ合ったのでした。

しかし、ダマヤンティーは恋煩いが激しく、いつも顔色が冴えません。何も知らない父王は、最近元気がない娘を気にして、娘をそろそろ結婚させようと婿選びの儀式を開くことを決めました。絶世の美女を妃にできると知った王族たちは、我先にとヴィダルバ国に向かったのでした。もちろんその中にはナラ王もいました。

インド神話 豆知識

ナラ王物語は『マハーバーラタ』に登場する有名な説話。魔神に取り憑かれて賭博で全てを失った王と、そんな夫を愛し追いかけるダマヤンティー姫の物語。姫の前向きな強さに勇気づけられる。

ダマヤンティーの美しさは、天界にも知れ渡っていましたので、神々も彼女を手に入れようと地上に降りました。インドラ、アグニ、ヴァルナ、ヤマの四神は、光り輝く美男子であるナラ王を見て、この男はライバルになるとわかりました。彼らはナラ王の前に神としての姿を見せ「ナラよ。神々の使者としてダマヤンティーに会うように。我らはダマヤンティーを得たいのだ」と命じました。

ダマヤンティーとどうしても結婚したいナラ王は困ってしまいますが、神の願いを断ることはできません。儀式の前にこっそり城に忍び込み、ダマヤンティーに神の言葉を伝えることにしました。

はじめて出会った2人は、一目見ただけで本当の恋に落ちました。お互いの想い人に会えた嬉しさに心躍りますが、ナラ王は苦しみながらも彼女に「神を選んでほしい」と願います。ダマヤンティーは「神様たちも婿選びの儀式に出るようにと伝えてください。その場で私は神様ではなくあなたを選びます」と心を変えることはありませんでした。

さて婿選びの儀式の日。素晴らしく着飾った王たちが城に集まりました。しかしその場に集まった皆は目を疑いました。ナラ王の姿をした者が5人もいたのです。ダマヤンティーは、神を目の前にしながらも、恐怖を押し殺して叫びました。「私はナラ様を夫にすると誓ったのです。どうか神様、私の誓いを守らせてください」と。悲痛な声をあげる彼女を見て、神々はかわいそうになって、神の相を現しました。同じ姿でも汗もかかず美しいままの神を見たダマヤンティーは、本物のナラ王の首に花輪をかけたのでした。

神に逆らってまでも愛を貫く姿に感銘を受けた神々は、ナラ王に恩恵を授けました。インドラからは、神を見ることができる目を、アグニからはいつでも炎と光を出せる力を、ヤマからは優れた徳と美味しい食べ物を出すことができる力を、ヴァルナからは望めばいつでもヴァルナを呼び出せる力を得ました。

ダマヤンティーとナラ王は、神と人々から祝福され結婚しました。子宝にも恵まれ、幸せな生活を送っていました。

しかしその後、2人には不幸が訪れます。ダマヤンティーの美しさを狙った魔神カリは、ナラ王に取り憑き、ナラ王の弟をもそそのかしました。罠にはまったナラ王は、弟に促されるまま狂ったように賭博にのめり込んでいきます。そしてついに国を取られ、ダマヤンティーとともに城を追い出されてしまいました。

2人は森をさまよいましたが、カリに取り憑かれたナラ王は正常な判断ができず、妻を危険な森に残したまま去ってしまいました。

目が覚めたら夫がいなくなったことに驚いたダマヤンティーは、嘆き悲しみながらも1人で森を彷徨い、やがてキャラバンに拾われチェーディ国にたどり着きました。

婿選びの儀式「スヴァヤンヴァラ」

古代インドでは、バラモン階級の娘は親が結婚相手を決めるのが習わしだったが、戦士階級であるクシャトリヤ（王族）の娘は『婿選びの儀式』（スヴァヤンヴァラ）を行うことがあった。ダマヤンティーは神よりも人であるナラ王を選んでいる。婿選びの儀式は行わなかったけれども、ヤマから夫を取り戻したサーヴィトリーも、自分の意志で夫を選んだ。ドラウパディーやシーターは、挑戦者が難題をクリアすることが前提ではあるけれども、やはり婿選びの儀式を行っている。これは女性の意思を尊重しているかに見える。『マヌ法典』には女性は男性の支配下に置くべきという思想があるが、神話の中に登場する女性たちは皆強く、信念を貫く。それがのちに辛い状況を生んだとしても、運命を受け止めて自らの足で進む。その姿はとても潔い。インドでは、歴史的にはクシャトリヤの女性が王として国を治めた例もある。女性観は時代や階級や地域で違うと思うけれども、インド神話に登場する強い女性たちの姿は、現代にも息づいているのかもしれない。

ダマヤンティーの婿選びのシーン。ナラ王のもとへ行き、花輪をかけようとするダマヤンティー。

門前で人々に囲まれ、からかわれているダマヤンティーを見た王妃は、彼女に興味を持ちました。ぼろ布を着て汚れた姿でも凛とした美しさがあったからです。王妃はダマヤンティーの身の上を知り、賭博に狂った夫に捨てられたかわいそうな女だと同情し、話し相手としてそばにおくことにしました。

しかし、ナラ王の妃であるという事実だけは知りませんでした。

さて、ダマヤンティーの父であるヴィダルバ国の王は、娘がナラ王とともに国を追い出されたと聞き、ずっと探していました。チェーディ国でそっくりな美女を見たというバラモンの言葉をもとに彼女を見つけた王は、ダマヤンティーを国に連れ帰ります。

生まれた国に戻ったダマヤンティーは、夫のナラ王を探すようにバラモンたちに命じました。

ナラ王は、カリに取り憑かれたまま方々をさまよっていました。妻を恐ろしい森に置き去りにしたことを後悔しつつも、正常な判断ができなかったのです。

あるときナラ王は、カルコータカというナーガラージャ（竜王）の命を助けます。カルコータカはお礼にとナラ王に噛みつき、彼に取り憑いているカリが苦しむようにと毒を与え、ナラ王の姿を醜い矮人に変えてしまいました。ナラ王は美しく目立ちすぎるので、放浪の間は正体を隠せるようにとの計らいでした。

その後、ナラ王はアヨーディヤ国の王の

もとで、御者としての腕を買われて働くことになりました。

　ナラ王を探していたチェーディ国のバラモンの一人は、愛する人を置き去りにしたと悲しい歌を口ずさむ御者を見て、あの男が怪しいと睨み、ダマヤンティーに伝えます。

　ダマヤンティーは、もう一度婿選びの儀式を行うという噂を流し、アヨーディヤ王たちを国に招こうと画策します。御者のナラ王は、婿選びの儀式に出席するというアヨーディヤ王とともに、ダマヤンティーのいるヴィダルバ国に行くことになったのです。

　さて、道中で、ついに悪魔カリは竜王カルコータカの毒に侵され、ナラ王の体から抜け出しました。ナラ王はヴィダルバ国についてダマヤンティーと再会し、婿選びの儀式が嘘だったことを知りました。アヨーディヤ王やダマヤンティーの父は、真実を知り、ナラ王とダマヤンティーを心から祝福しました。

　ナラ王はダマヤンティーとともに自分の国に帰り、弟ともう一度サイコロ勝負をして、見事全てを勝ち取りました。ナラ王は自分の馬術と交換に、アヨーディヤ王から賭博の技術を学んでいたのです。魔神カリがいないいま、ナラ王に敵はいませんでした。

　国を取り戻したナラ王とダマヤンティーは、幸せに暮らしたのでした。

天女ウルヴァシー秘話

人間の男、天女に恋をする！

主要人物
ウルヴァシー

聖仙ナーラーヤナが瞑想していたときのこと。ナーラーヤナに力をつけて欲しくないインドラは、修行の邪魔をしようと、彼のところに美貌のアプサラスたちを向かわせたことがありました。しかしナーラーヤナは、彼女たちよりもっと美しいアプサラス、ウルヴァシーを太腿からつくり出しました。ウルヴァシーの光り輝く美しさを見て、アプサラスたちは自分たちが恥ずかしくなり、インドラのところに帰ってしまったほどです。

あるとき、地上に降りたウルヴァシーの比類なき美しさを目にしたプルーラヴァス王は、彼女に熱烈な恋をしました。しかし、アプサラスは天界にすむ存在であり、人間とは種族が違います。それに、アプサラスの夫となるものは背中に翼を持つガンダルヴァ一族と決まっていました。

アプサラスはプルーラヴァスとの結婚の条件に「1日3回私を竹の棒（男根）でつくこと。私が望まないときに近づかないこと。あなたの裸身を絶対に見せないこと」を約束させます。誓いを守ったプルーラヴ

インド神話
豆知識

プルーラヴァス王は月神の孫で、クシャトリヤの月種族の始祖。クリシュナやアルジュナの先祖にあたる。天界でアルジュナがウルヴァシーの誘いを断ったのは、彼女が遠い先祖にあたるからだ。

アスは、ウルヴァシーと幸せに暮らしました。

しかし、プルーラヴァスが気に入らないガンダルヴァたちは、2人を別れさせようと策を練ります。あるときガンダルヴァたちは、ウルヴァシーが大切に飼っていた羊を奪いました。ウルヴァシーが大声で叫んだため、驚いたプルーラヴァスは裸のまま彼女の部屋に飛び込んできました。ガンダルヴァたちはそのとき稲妻で彼の裸身に光をあてたので、ウルヴァシーは夫の裸の姿を見てしまいました。謀られたとはいえ誓いを破ったプルーラヴァスのもとから、ウルヴァシーは去りました。

姿を消す前、ウルヴァシーは妊娠していました。愛する女を追い求めて、プルーラヴァスは世界中を探しました。そしてついに、水鳥に化けたアプサラスたちの中に愛する人がいるのを見つけます。プルーラヴァスは、どうしても一緒にいる方法はないかと、ウルヴァシーに頼み込みました。必死な様子の夫を見て、彼女は「1年に1日だけ一緒にいましょう」と譲歩しました。

2人は5年の間に5人の子供を授かりました。一途なプルーラヴァスの様子に同情したガンダルヴァたちは、1つだけ願いをかなえてやると申し出ます。プルーラヴァスは、ウルヴァシーのために、自分もガンダルヴァになりたいと願いました。儀式を行い人間からガンダルヴァへと変わったプルーラヴァスは、ウルヴァシーと末長く幸せに暮らしました。

ガンジス川降下事件

激流を頭上で受け止めたシヴァ

主要人物
シヴァ

むかしむかし、サガラ王の息子たちが、馬供犠祭《アシュヴァメーダ》のときにいなくなった馬を探して地底界まで降りたことがありました。馬は見つかりましたが、馬のそばにいた聖仙カピラが馬を盗んだと思い、王子たちは聖仙を襲おうとしました。礼儀を知らない王子たちに怒った聖仙は、第三の目から光をだし、彼らを灰にしてしまいました。

それから時が経ち、王子たちを供養したいと思ったサガラ王の子孫であるバギーラタは、天界にあるガンジス川を地上に降ろし、その水で先祖の魂を清めたいと考えました。しかし、ガンジス川の流れが地上に落ちれば、水流の激しさで大地が滅びてしまいます。バギーラタは苦行してシヴァを呼び出し、ガンジス川の流れを受け止めてもらうことにしました。バギーラタの苦行に満足したシヴァは、彼の願いを聞くことにしました。シヴァの髪を伝って落ちたガンジス川の流れは大地を潤し、地底界まで流れ、サガラ王の息子たちの遺灰を清めました。シヴァの頭にガンガーが住んでいるのはそういう理由なのです。

インド神話 豆知識

古代インドでは、偉大な国王が行うアシュヴァメーダ（馬供犠祭）という儀式があった。１年間馬を放ち、馬が進んだ分だけ自国の領土となる。儀式中に馬が消えると王の権威失墜とみなされるのだ。

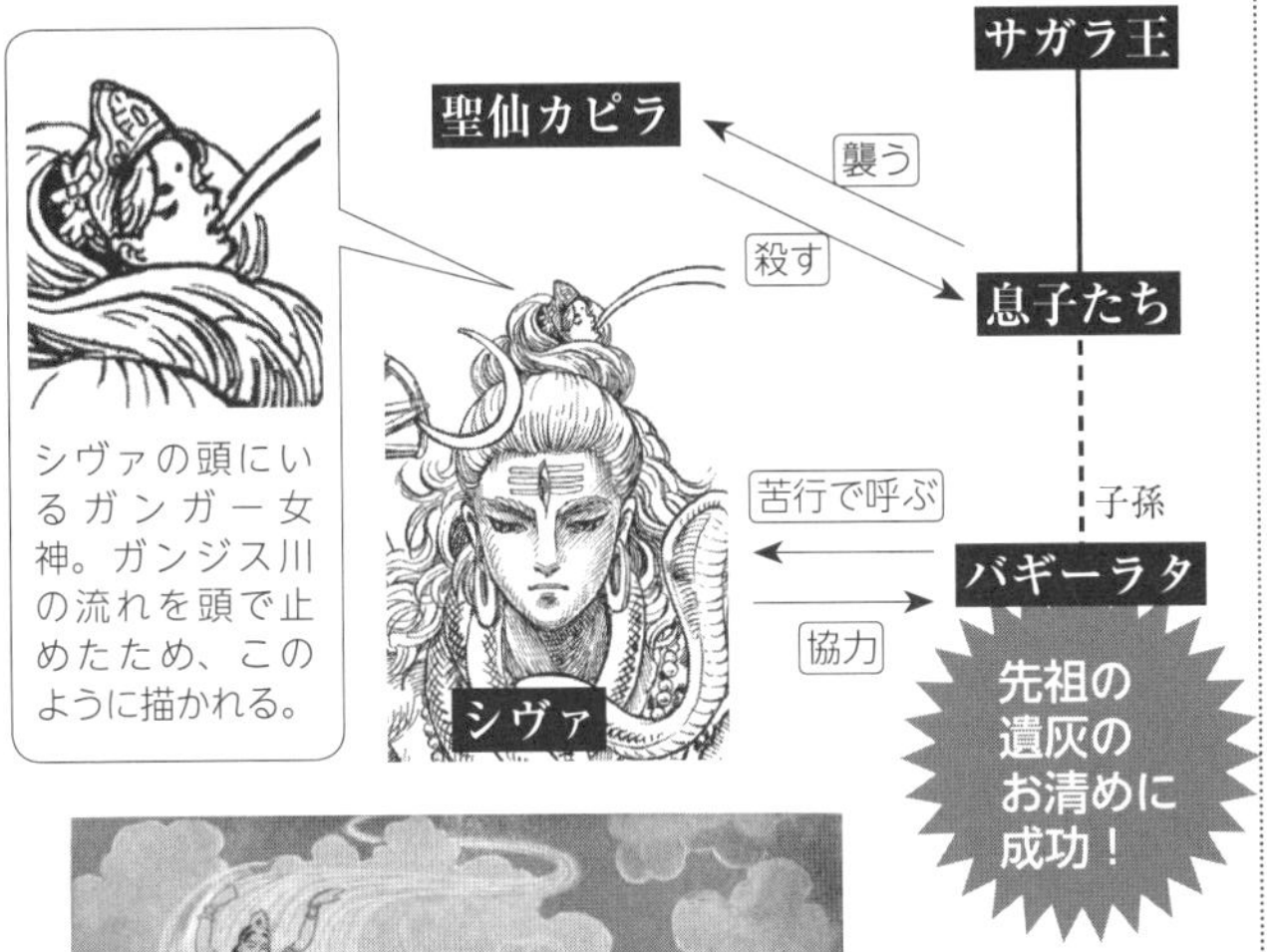

天界から流れ落ちるガンガー女神と、ガンジス川の激流を、頭で受け止めるシヴァ。

シヴァ・リンガ事件

この世で一番偉いのはだれか!?

主要人物
シヴァ

ヴィシュヌが原初の海の上で眠っていると、ブラフマーが生まれました。ブラフマーは、自分より先に存在しているヴィシュヌを見て大変驚きました。またヴィシュヌも、ブラフマーに問いつめられて憤慨し、どちらが世界の創造主かをめぐって喧嘩をはじめました。

激しい口論の最中、突然目の前に光り輝く大きな柱が現れました。天高くのびたその立派な柱はどこまで続いているかわかりません。「この柱の果てを先に見つけたほうが創造主だと認めよう」と2人は賭けをしました。

ブラフマーは鳥の姿で舞いあがり、ヴィシュヌは猪の姿で水中に潜ります。しかしいくら進んでも果てにたどり着けません。2人が自分たちよりすごい者がいるのだと認めたとき、柱から炎があがり、中からシヴァが現れます。柱はシヴァ・リンガそのものだったのです。シヴァは、自分からヴィシュヌとブラフマーが生まれたことを告げました。2人は本当の創造主がだれかを知り、シヴァの偉大さを褒め称えたのでした。

インド神話ギモンと考察

この物語は、シヴァ・リンガは宇宙を凌駕する偉大な存在であることを説明している。ちなみにシヴァ・リンガには、シヴァの顔が彫刻されているものもあって、かなり圧が強い図像である。

シヴァ・リンガ事件にまつわるアート

シヴァを崇める
ヴィシュヌとブ
ラフマー。

シヴァ・リンガから現れたシヴァの姿は、しばしば寺院で見かける。(12世紀)

シヴァの魔神退治

魔神三兄弟を都ともども殲滅！

主要人物
シヴァ

あるとき、三兄弟の魔神が苦行し、「不死を授けて欲しい」とブラフマーに願いました。ブラフマーは彼らが強すぎたので一度は願いを断りましたが、「私たちが3つの都に住んで世界を支配できますように」との願いは叶えました。喜んだ三兄弟は、偉大な建築家である魔神マヤに依頼し、3つの素晴らしい都をつくってもらいました。金の都は天界に、銀の都は空に、鉄の都は地上に建てられ、3人が治めました。

千年が過ぎ、三兄弟は次第に傲慢になり、神々に逆らうようになりました。インドラは三兄弟を討伐しようとしましたが敵わなかったので、シヴァが戦うことになりました。シヴァは、神々に力を分けて欲しいと願いました。神々は自分の力を半分ずつシヴァに分け与えたので、シヴァは最強の力を持つ偉大な神《マハーデーヴァ》になりました。

シヴァは戦車に乗り、弓を持って討伐にでかけました。シヴァが近づくと、3つの都は1つに合体しました。シヴァは都を一矢で貫き、魔神たちもろとも焼き尽くしたのでした。

インド神話 豆知識
三都を破壊するシヴァの物語はとても人気があり、寺院彫刻にも多く残されている。このとき使用したシヴァの弓はメール山（須弥山）という説やヴィシュヴァカルマンがつくったという説もある。

シヴァの魔神退治を巡る人物相関図

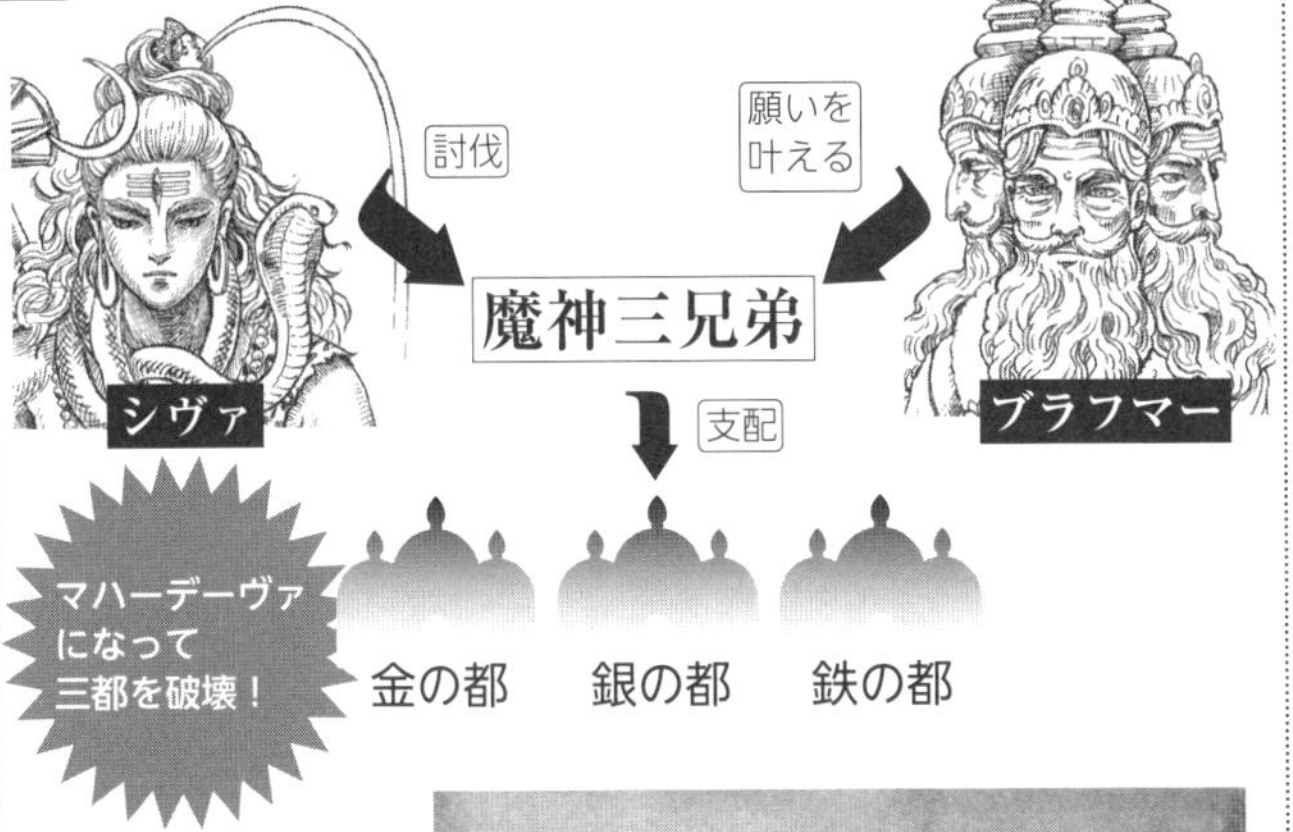

三都（トリプラ）を破壊する前に、神々と相談するシヴァ。

クリシュナ強奪事件

神も人も最後に愛は勝つ!

主要人物
クリシュナ

　ヴィダルバ国の王様には、ルクミニーというそれは美しく賢い姫がいました。ルクミニーはヤーダヴァ族の王であるクリシュナの噂を聞き、こんな男性と結婚したいと考えていました。クリシュナのほうもルクミニー姫の噂を聞き、恋心を募らせていました。しかし、ルクミニーの兄ルクミンはクリシュナが大嫌いでしたので、妹を、自分の友人であるチェーディ国のシシュパーラ王に与えようと密かに準備しました。

　結婚式のことを知ったルクミニーは、一縷の望みを託し「どうか自分をさらってください」とクリシュナに手紙を書きました。手紙を読んだクリシュナはすぐに馬車に乗り、たった一晩でヴィダルバ国に到着し、ルクミニーをさらいました。

　ルクミンは激怒し、軍隊を出して2人を追いかけましたが、クリシュナに返り討ちにされそうになり、2人を追うのをやめました。

　国に戻ったクリシュナとルクミニーは盛大な結婚式を挙げ、人々に祝福されたのでした。

インド神話ギモンと考察　『マヌ法典』には、8つの結婚の形が書いてある。身分によって望ましい結婚の形は異なるが、クシャトリヤの場合は本人たちが両思いであれば結婚してもよい「ガーンダルヴァ婚」が認められていた。

恋多きクリシュナと『ギータ・ゴーヴィンダ』

クリシュナの正妃はルクミニーだが、王になる前、牛飼い時代のクリシュナにはラーダーという美しい恋人がいた。ラーダーは人妻だがクリシュナに恋し、2人は愛し合っていた。12世紀の有名な恋愛抒情詩『ギータ・ゴーヴィンダ』（牛飼いの歌）は、絵画や音楽、舞踊などインド文化に大きく影響を与えた。この物語は「愛する人に恋い焦がれるように神を愛すれば救われる」と受け止められ、クリシュナ信仰の聖典になった。

クリシュナは美男子で横笛の名手で女性に大人気。ラーダーは嫉妬に苦しみ、女友達に相談する。一方クリシュナは、最近ラーダーに冷たくされているような気がして、彼女へ執着が増す自分に悩む。秘密の恋、寝所に忍ぶクリシュナ、2人の会話などがとても官能的な作品なのだ。

クリシュナとラーダーは現在でも理想の恋人とされていて、インド映画でもよく使われるモチーフだ。主人公が横笛を吹く動作をしたら、恋するクリシュナを表しているといっていいだろう。

愛し合うクリシュナとラーダー

神々を虜にする絶世の美女ウルヴァシー

ウルヴァシーの美しさは神々も骨抜きにされるほどだったという。あるとき司法神ヴァルナに言い寄られたウルヴァシーは、自分は既に契約神ミトラの恋人だからと体の関係を断った。だったら壺の中に精を落とすのは問題なかろうと、ウルヴァシーを見ながら１人で満足したヴァルナだったが、その壺には既にミトラの精が入っていた。その壺から聖仙ヴァシシュタが生まれた。ウルヴァシーは、別の男に心を許したと嫉妬したミトラに呪われ、天界から追い出されてしまった。その後地上で出会ったのがプルーラヴァス王なのだという。

また、聖仙ヴィバーンダカは沐浴中にウルヴァシーを見て、水の中に精を漏らした。その後、そこを通りかかった鹿がその水を飲んだため妊娠し、生み落とされた子は鹿の角を持つリシュヤ・シュリンガという名の聖仙となった。この話は仏教にも取り入れられ、日本でも有名な『一角仙人物語』のベースになっている。

天界へ帰ろうとするウルヴァシーと、引き留めようとするプルーラヴァス王。

第4章

インド神話の文化

～インド神話に登場する文字や呪術、アイテム、動物たち～

サンスクリット

インド神話の聖典を記す聖なる言葉

インドの古代語サンスクリット

サンスクリットは、インドの古代語です。アーリヤ人の言語だったヴェーダ語をもとに、紀元前4世紀頃にパーニニによって文法がまとめられました。サンスクリットは「完成された言葉」という意味があり、古代のヴェーダだけではなく、ヒンドゥー教の有名な聖典のほとんどはサンスクリットで記されています。

現在は、サンスクリットはデーヴァナーガリー文字という、北インドで一般的な文字を使って書かれています。

デーヴァナーガリー文字が登場したのは8世紀以降で、10世紀以降に広く使われるようになりました。それまでは、サンスクリットはブラーフミー文字から派生した様々な文字で書かれていました。

日本でサンスクリットというと、お経や卒塔婆《そとば》に書かれたり、密教の真言などで使われたりしている「梵字」がイメージされるかもしれません。あの筆で書かれた文字は悉曇《しったん》文

インド神話ギモンと考察

サンスクリットはインドの公用語の一つだが、話し言葉として使っている人はほとんどいない。ただ、サンスクリットが理解できるのはステータスなので、教養として身につけている人は多いらしい。

column インド神話と文化

日本語とサンスクリットの素朴な関係

日本には、仏典を通じてサンスクリットが多く入ってきた。普段何気なく使っている言葉は、もしかしたらサンスクリットが語源かもしれない。

日本語	もととなったサンスクリット
瓦（かわら）	カパーラ（皿）。カーリーが持っている、血が入った皿はカパーラ。
卒塔婆（そとば）	ストゥーパ（塔）。仏舎利が収められた仏塔をストゥーパと呼ぶ。
奈落（ならく）	ナラカ（地獄）。クリシュナに倒された魔神ナラカ。
檀那（だんな）	ダーナ（贈物、布施）。
舎利（しゃり）	シャリーラ（身体）。仏舎利＝仏様の骨のこと。
三昧（ざんまい）	サマーディ。瞑想して心が深く安定すること。

字といって、仏典と一緒に中国を経て日本に来た古い文字です。デーヴァナーガリー文字の古い親類のようなものです。

サンスクリットは、古くからタミル文字、ベンガル文字、テルグ文字など、インドの各地域の言葉で記されてきました。ヒンドゥー教の聖典がサンスクリットだったこともあり、インド全土にサンスクリットが起源の言葉がたくさんあります。

サンスクリットは文法がとても複雑なのですが、日本語の教本は多いです。また、日本語には存在しない発音もありますが、デーヴァナーガリー文字のアルファベットは日本語と法則が似ているので、語学に興味がある方は勉強してみるのもいいかもしれません。

マントラ

神様から授かった聖なる祈りの言葉

神様を讃える聖典から引用された「真言」

マントラとは、聖典などにあるお祈りの言葉です。日本で「真言」と訳されるといえば、なんとなく理解していただけるでしょうか。ヴェーダは神から授かった聖なる言葉（韻律）と考えられています。韻や発音に力が宿っているので、師から正しい発音を学ぶ必要があり、口頭伝承によって代々受け継がれてきました。

マントラはそれ自体に神秘的な力があり、独立した人格を持った神だと考えられています。神のエネルギーが現れた形だということですので、取り扱いに注意が必要です。マントラの中には、神様を褒め称えるものや、自分の願いを叶えてもらうものなど多々ありますが、中には口に出してはいけない、禁断のマントラもあるそうです。とはいえ、現在ではヴェーダはだれでも読むことができますし、インターネットを検索すれば、動画配信サイトで様々なマントラを気軽に聴くことができます。

マントラで最も有名なのは「ॐ（オーム）」という聖音です。これはAUMの3つの音

インド神話ギモンと考察

マントラは真言のこと。日本では仏教の真言の「唵（おん）」が「オーム」と同じ意味らしい。また、マントラによく登場する「ナマ（ハ）」という単語は、仏教の経典では「南無」と訳す。

マントラにまつわるアート

ガーヤトリー女神と一緒に、罪を清めるガーヤトリーマントラが書かれている。

シヴァ・リンガにお祈りするガネーシャ。頭上にはシヴァのマントラ。

を含み、この世のはじまりから終わりを表す韻で、お祈りの前後に唱えます。3つの音は『リグ・ヴェーダ』『サーマ・ヴェーダ』『ヤジュル・ヴェーダ』の三大ヴェーダを示すとも、宇宙の最高原理ブラフマンだとも、ブラフマー・ヴィシュヌ・シヴァの三位一体を示すとも言われています。

ここでは、いくつかの有名なマントラをご紹介します。ただし、書物によって伝達されるマントラや、正しい韻と発音を伴わないマントラは効力がないとも言われています。軽い気持ちで唱えてもご利益を得る効果はないのかもしれませんが、神様への敬意を込めて次ページにまとめたいと思います。

◉有名な５つのマントラ

シヴァ マントラ

幸福と力をあたえてくれる最強のお祈りとして、シヴァを信仰する人たちによって唱えられています。「オーム　ナマ　シヴァーヤ」の言葉の中にナ＝大地、マ＝水、シ＝炎、ヴァ＝風、ヤ＝空気、というこの世の全ての五要素を含むとされています。菩提樹の実ルドラークシャでできた数珠を 108 回数えながら唱えるそうです。

サンスクリット ॐ नमः शिवाय

発音 Oṃ namaḥ Śivāya　オーム　ナマ（ハ）　シヴァーヤ

意味 私は偉大で慈悲深いシヴァ様を称えます

ガネーシャ マントラ

富と知恵を授けてくれるガネーシャをお祈りするときに唱えます。ガネーシャは商売繁盛の福の神でもあり、学問の神でもあります。

サンスクリット ॐ गं गणपतये नमः

発音 Oṃ gam ganapataye namaḥ　オーム　ガム　ガナパタイェ　ナマ（ハ）

意味 私は知恵と除災の神ガネーシャ様に帰依いたします

ガーヤトリー マントラ

『リグ・ヴェーダ』の一節で、ヴェーダの中でも最も尊い韻を含むマントラとして有名です。太陽神サヴィトリへの賛歌ですが、この尊い句自身がガーヤトリー女神として神格化されました。ガーヤトリーはサラスヴァティーとも同一視されていて、顔が５つある女神として描かれます。ガーヤトリー・マントラを 3000 回繰り返して唱えると、どんな罪を犯しても一月でその罪から解放されるとか。

サンスクリット ॐ भूर्भुवः स्वः तत्सवितुर्वरेण्यम् भर्गो देवस्य धीमहि धियो यो नः प्रचोदयात् ||

発音
Oṃ bhūr bhuvaḥ svaḥ tatsavitur vareṇyam /
bhargo devasya dhīmahi dhiyo yo naḥ pracodayāt //
オーム　ブールブヴァハ　スヴァハ　タットサヴィトゥル　ヴァレーニヤム　バルゴー　デーヴァスヤ　ディーマヒ　ディヨー　ヨー　ナハ　プラチョーダヤート

（辻直四郎訳『リグ・ヴェーダ讃歌』（岩波文庫）では、以下に訳されています。）

意味
われら願わくは、サヴィトリ神のこの愛でたき光明を
享受せんことを。その彼はわれらが詩想を助長せんことを

ラクシュミー マントラ

富と美の女神ラクシュミーへの賛歌です。シュリーとは吉祥の意味ですが、ラクシュミーのことを表す言葉でもあります。

サンスクリット

ॐ श्री महालक्ष्म्यै नमः

発音

Oṃ śrī mahālakśmyai namaḥ　オーム　シュリー　マハーラクシュミャイ　ナマ（ハ）

意味

幸運を与える偉大な女神ラクシュミー様に帰依いたします

シャンティ マントラ

シャンティ・マントラと呼ばれるマントラは、お祈りの最後を「オーム・シャンティ・シャンティ・シャンティ」で締めているもので、数多くあります。ここでご紹介するのは、特に有名なマントラの一つ「アサトーマーのマントラ」。ブリハダラニヤカ・ウパニシャッドの一節です。

映画『マトリックス・レボリューションズ』で使われたことでも知られています。シャンティ（平和、平安を意味する言葉）を３回唱えるのは、１つ目は自分自身に、２つ目は相手や周囲の環境に、３つ目は世界の平和を祈るためだと言われています。

サンスクリット

ॐ असतो मा सद्गमय ।　तमसो मा ज्योतिर्गमय ।
मृत्योर्माऽमृतं गमय ॥　ॐ शान्तिः शान्तिः शान्तिः ॥

発音

Oṃ asato mā sadgamaya / tamaso mā jyotir gamaya /
mṛtyor mā 'mṛtaṃ gamaya // Oṃ śāntiḥ śāntiḥ śāntiḥ //
オーム　アサトー　マー　サッドガマヤ　タマソー　マー　ジョーティル
ガマヤ　ムリティヨール　マー　アムリタム　ガマヤ　オーム
シャーンティヒ　シャーンティヒ　シャーンティヒ

意味

虚無の世界から真実へ、暗闇から光明を
死から不滅へと　神よ、私をお導きください。
私の心に平安が訪れますように
周囲の人たちに幸せが訪れますように
世界が平和でありますように

ヤントラ

神様を象《かたど》る聖なる図形

神様を表す多種多様な図

ヒンドゥー教では、神様を人の姿の彫刻や絵で表現するだけではなく、図形や記号にすることがあります。「ヤントラ」と呼ばれる三角形などの図形を組み合わせた図像は、神様そのものとして崇拝されています。シヴァ・リンガのような、人の姿をしていない石をシヴァとして信仰するのと同じく、記号や図形にも神が宿ると考えられているのです。ヤントラには補助、助力の意味があり、修行や瞑想の補助に使用します。

ヤントラは、点、三角形、円、花びらなどの組み合わせで描かれることが多く、神様ごとに様々な形があります。２つの三角が合わさった六芒星はこの世界を具現化し、五芒星は世界の構成要素である「地、水、火、風、空」を表すと言われています。神との合一を願う修行者たちは、ヤントラを前にしてマントラ（お祈りの言葉）を唱えて瞑想します。

ヤントラには、シヴァ、ガネーシャ、カーリー、クリシュナなど、それぞれの神様を象徴する図形があります。ヤントラは神様の力が宿ると信じられているので、護符として人

インド神話豆知識

古代インドの言葉は、聖典を記述する雅語であるサンスクリットと、一般的に使用されるプラークリットの２種類に分けられるらしい。アショーカ王の碑文はプラークリットで書かれている。

気があり、無病息災、商売繁盛など現世利益を願って持ち歩く人も多いそうです。

ヤントラで最も有名なのはシュリー・ヤントラです。中心の点から放射状に広がる円と三角形で、９つの層が表現されています。上向きの三角形は男性原理（シヴァ）、下向きの三角形は女性原理（シャクティ）を表していて、この図形で男性原理と女性原理の融合、つまり宇宙を表現しているそうです。シヴァ・リンガがシヴァを表しているのだとしたら、シュリー・ヤントラは女神の力、シャクティを表しているということになります。

主なヤントラ

シュリー・ヤントラ

カーリー・ヤントラ

また、カーリー・ヤントラは、カーリーの象徴である黒い色で表されます。中心にある5つの逆三角形は女性原理を表しています。

インド神話に登場する
神々の至宝

魔法のアイテム・動物

インド神話の神々が所有する装飾品、武器、動物

インド神話には、魔法のアイテムや武器、動物たちがたくさん登場します。160ページの乳海攪拌の物語では、アムリタをはじめ海から多くのアイテムが生まれました。

また、神々はそれぞれ得意な武器を持って魔神と対峙し、叙事詩の英雄たちは神から授かった武器を使い敵と戦います。たとえば『マハーバーラタ』に登場するナーラーヤナーストラは、闘志や武器を持った者のみを狙って倒す力がありますし、インドラから与えられた槍によって、カルナは最強の巨人ガトートカチャを一撃で倒します。

次ページから、インド神話に登場する神々の持ち物や、ヒンドゥー教で重要なアイテム、動物たちをご紹介します。

インド神話
豆知識

「〜ストラ」（アストラ astra）というのは武器のことで、矢のように使うらしい。ブラフマーストラはブラフマーの武器。ちなみにブラフマーの武器は、他の神々の名がついた武器よりも強力らしい。

幸せを呼ぶ聖なる花

蓮の花

種類：植物　持ち主：ラクシュミーなど

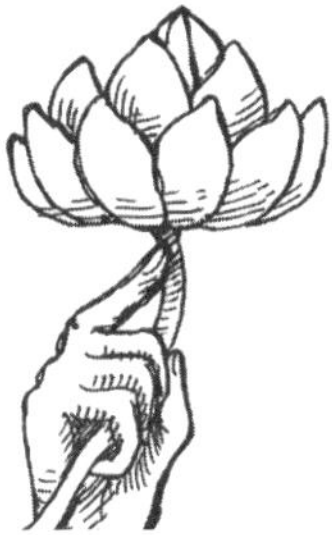

泥の中から美しい花を咲かせる蓮は吉祥の象徴で、清らかで聖なる花として古代から珍重されてきました。蓮の花はパドマ（パドメ）と言われ、パドミニー、パドマーヴァティーは美しい女性の代名詞でもあります。ブラフマーは蓮の花から生まれ、ラクシュミーは両手に蓮の花を持った姿で表されます。

神様を華やかに飾る生花

花輪

種類：植物　持ち主：神様たち

神様たちが首にかけているのは、生花でつくった花輪です。ヒンドゥー教の祭祀では、神様への供物として生花を使います。黄色いマリーゴールド、白いジャスミン、赤いバラなどは特に好まれていて、花市場はいつも活気に満ちています。インドでは香油の生産が盛んで、市場でも香油や香水を売っている店があります。

太陽の光を表す幸運のマーク

卍（スヴァスティカ）

種類：文様　持ち主：――

卍（まんじ）はユーラシア大陸で一般的な吉祥文様で、太陽や炎の象徴と考えられています。右まんじは男性原理、左まんじは女性原理とされています。スヴァスティカと一緒にドアに描かれることもある幸運の印「シュバ　ラーバ」はガネーシャの２人の息子を表しているとも言われています。

शुभ लाभ　Śubha Lābha（Śubha＝吉祥・幸運　Lābha＝富）

幸運のマーク
シュリーヴァッサ

種類：文様　持ち主：ヴィシュヌ

卍文様が組み合わさった永遠を表す吉祥模様は「シュリーヴァッサ」と言われ、シュリー（ラクシュミー）やヴィシュヌのマークです。幸運を願って女性たちが玄関前の地面に描くコーラム（ランゴーリ、アルポナ）という絵にも使われることがあります。

シヴァを象徴する聖なる灰
聖灰（ヴィブーティ）

種類：灰　持ち主：シヴァ

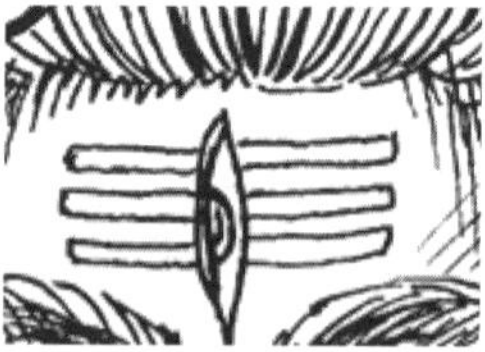

牛糞や木片を高温で焼却したときにできる聖灰で、祭祀を行うときに使います。真っ白で匂いはありません。シヴァ派の修行者たちは、額に聖灰でシヴァを表す３本線を描き、身体に聖灰を塗ります。戦士は戦う前に体に聖灰を塗り、現世と決別すると言われています。牛は聖なる生き物で、シヴァの従者でもあります。牛糞にはラクシュミーが住んでいるので清らかなのだそうです。

カレーにも入れる聖なる色粉
黄色い粉（ターメリック）

種類：粉　持ち主：――

黄色はインドでは聖なる色とされてきました。黄色は太陽の光や黄金を連想させ、縁起がいいので、ターメリックやサフランの黄色は珍重されます。ターメリックの粉は、食べ物に入れるだけではなく神の像に塗ったり、美容のために体に塗ったりします。結婚前の女性は、ターメリックで肌をパックして艶やかにするそうです。

額につける祝福の印
赤い粉（クムクマ）
種類：粉　持ち主：――

神々にお祈りするときやお祭りなどでは、額に赤い印（ティラカ）をつけて祝福します。額はチャクラがある神聖な場所なのです。赤い粉はクムクマ（クムクム）といい、ターメリックをアルカリで変化させたもの。ターメリックと同じように神の像に塗ります。色粉は神聖なものとされていて、現在では別の素材からも様々なカラフルな色の粉がつくられており、春を祝うホーリー祭では、人々は無礼講で色粉や色水を投げ合います。

シヴァの御本尊
シヴァ・リンガ
種類：神像　持ち主：シヴァ

リンガとは男性器のことですが、シヴァ・リンガはシヴァそのものとして信仰されています。天井に吊るした水瓶から水滴を垂らしているものや、ナーガが巻きついているものもあります。ブラフマーの宇宙卵のような卵型のリンガをお守りにする人も。儀式では牛乳やギー、水、ターメリックや生花を捧げます。受け皿がヴィシュヌ、土台がブラフマーで三位一体だとする説もありますが、受け皿は女性器（ヨーニ）で、性交時の状態を子宮側から見た図像という説が一般的です。

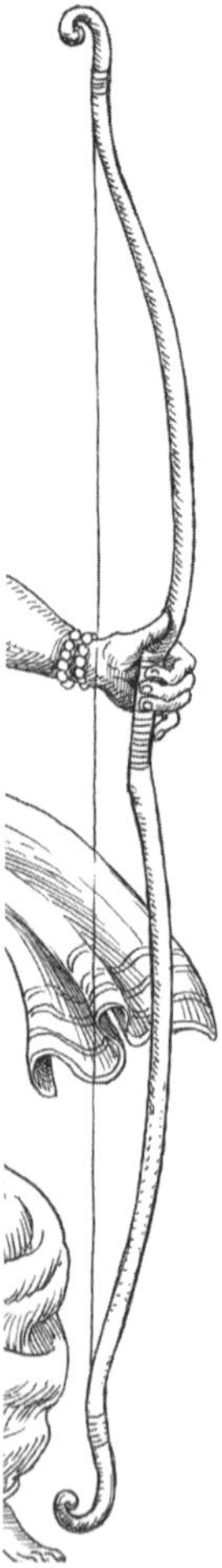

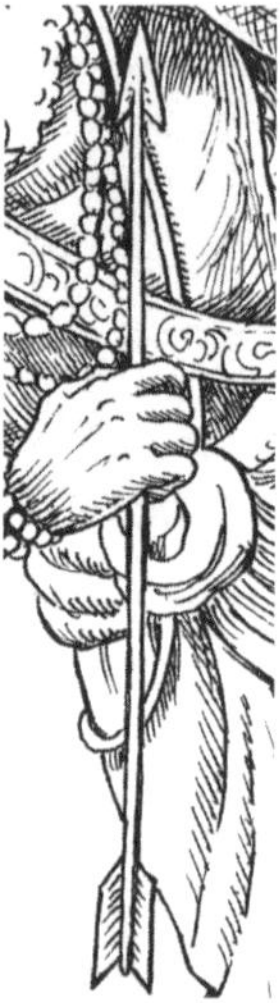

放てば百発百中！

弓と矢

種類：弓矢　持ち主：シヴァなど

弓矢は古代から武器として重要で、特に神聖な武器でした。神々は様々な弓矢を持っていて、叙事詩の英雄たちに武器を授けています。どの武器も尋常ではない力がある武器で、人間風情が扱えるものではありませんが、神の武器を使用する者たちは神性を持っているので問題なく使えるのでしょう。一部をここにご紹介します。

アーグネーヤーストラ

アグニの武器（矢）、の意味。『マハーバーラタ』に登場するアシュヴァッターマンが使用。炎で周囲を焼き尽くす。

ブラフマーストラ

ブラフマーの武器（矢）。とても強力な矢で、ラーマが使用。

ブラフマシラーストラ

ブラフマーストラより強力。アルジュナやアシュヴァッターマン、インドラジットが持っている。

パーシュパターストラ

シヴァの矢。アルジュナがシヴァから授かった。ブラフマーの武器よりも強く、使用すれば宇宙を滅ぼす力があるらしい。破壊神の持つ最強の武器。

ピナーカ

シヴァの弓。『ラーマーヤナ』ではシヴァが三都の魔神を倒したときに使用したとされている、ラーマが折った弓。

ガーンディーヴァ

ブラフマーの弓。『マハーバーラタ』のアルジュナが使用。アグニの依頼でカーンダヴァの森を焼いたときに、アグニから譲り受けた。

シャールンガ

ヴィシュヌの弓。クリシュナ、ラーマが使用。

矢が尽きない矢筒

アルジュナとラーマが持っている。

インド神話ギモンと考察

『マハーバーラタ』でアーグネーヤーストラが使用されたときの描写は核戦争のようでけっこうえぐい。神性を持った英雄たちの戦とはいえ、戦では神の武器が容赦なく使われ山ほど人が死ぬ。

聖なる音で浄化する喇叭

法螺貝（シャンカ）

種類：貝　持ち主：ヴィシュヌなど

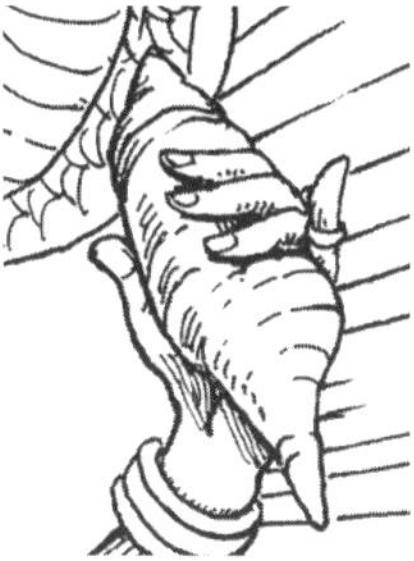

法螺貝（シャンカ）は神聖なアイテムで、楽器として儀式のときに鳴らされます。法螺貝の音は聖なる音（マントラ）であるオーム（AUM）を含むので特別なのだそうです。昔は戦の合図としても吹き鳴らされていました。ヴィシュヌが持っている法螺貝は左巻きで「パーンチャジャニヤ」と呼ばれています。海にいる魔神の体からクリシュナが取ったものです。

全てを切り裂く鋭利な刃

円盤（チャクラ）

種類：チャクラ　持ち主：ヴィシュヌ

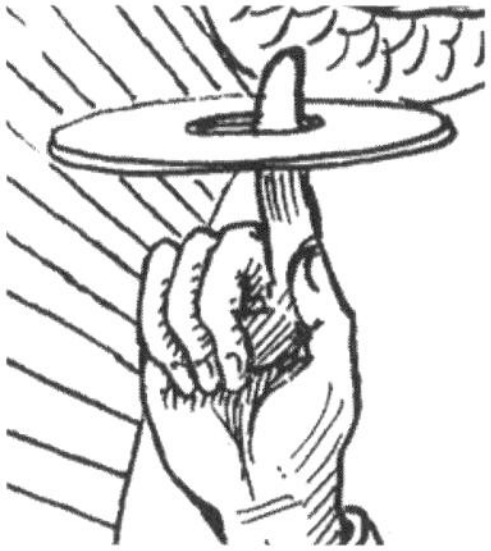

チャクラはダルマ（法・徳・正義）を表す聖なる図形でもあり、輪廻の象徴でもあります。チャクラと呼ばれるドーナツのような形をした武器は、腕や指に通して回転させながら投げ、刃で敵を斬りつけます。ヴィシュヌの武器である「スダルシャナ・チャクラ」は、シヴァの妻サティの死骸を切り刻みました。

クシャトリヤを粉砕する魔斧

斧（パラシュ）

種類：斧　持ち主：シヴァ

斧（パラシュ）は荒ぶるシヴァの武器です。ヴィシュヌの化身パラシュラーマはシヴァから斧を譲り受け、殺された父の仇を討ちました。ドゥルガーの持つ斧は工巧神ヴィシュヴァカルマンが与えています。

三つ叉の槍はシヴァの代名詞

三叉戟（トリシューラ）

種類：戟　持ち主：シヴァ

三叉戟（トリシューラ）はシヴァが持つ強力な武器です。工巧神ヴィシュヴァカルマンがつくったとも、シヴァが自分でつくり出したとも言われています。3は神聖な数字です。3つの先はそれぞれサットヴァ（純粋性）、ラジャス（激情）、タマス（消極性）の三要素を表しているとも言われています。

一振りで敵を粉砕！

棍棒（ガダー）

種類：棍棒　持ち主：ヴィシュヌ、ハヌマーン

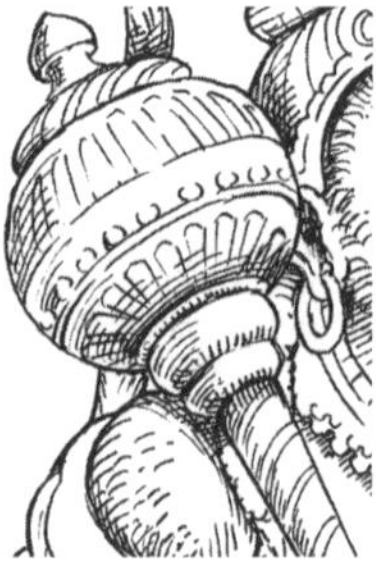

丸く大きな鉄塊がついた棍棒はガダーといって、古代から使われていた武器です。重さがあるのでバランスをとるのが難しく、かなりの修練が必要な武器だそうです。武器としてはハヌマーンやビーマが好んで使用しています。ヴィシュヌのガダーは「カウモーダキー」といって、ヴィシュヌの驚異的な力を象徴しているそうです。

雷を操るインドラの武器

金剛杵（ヴァジュラ）

種類：雷　持ち主：インドラ

ヴァジュラは雷やダイヤモンドのこと。日本では仏教の宝具、金剛杵として有名ですが、インド神話ではインドラを象徴する武器です。聖仙ダティーチャの骨からつくったという説もあります。インドラは雷であるヴァジュラを操り、敵のヴリトラと戦い勝利します。

インド神話 豆知識
アーリヤ人の神にはイランやヨーロッパの神話に関係がある神も多い。古代の天神ディヤウスはギリシア神話のゼウスと同じ性質の天空神。魔神アスラは拝火教の主神アフラ・マズダーと起源が同じ。

インド神話に登場する動物

神々に愛される聖なる存在

こぶ牛

種類：牛　持ち主：シヴァなど

こぶ牛は聖なる生き物です。特に白いこぶ牛は、シヴァの乗り物（ヴァーハナ）でもあり、牛飼いの頃のクリシュナの象徴でもあります。インダス文明時代の印章には牛が描かれていて、古代から牛が珍重されていたことがわかりますし、牛乳は貴重なタンパク源であるだけではなく、聖なる飲み物で、神聖なバター油（ギー）をつくる原料でもあります。乳海攪拌のとき生まれた牝牛カーマデーヌ（スラビ）はどんな願いも叶えてくれますし、牡牛はしばしば勇猛さや素晴らしさを讃えるたとえになります。

使役される家畜

水牛

種類：牛　持ち主：ヤマ

水牛はこぶ牛とは異なり神聖視されていないので、普通に家畜として扱われています。肉を食べても問題はないとされていて、水牛のカレーやステーキはレストランで食べることもできます。ドゥルガーが倒した魔神は水牛（マヒシャ）の姿をしていました。また、死者の国の神ヤマの乗り物は水牛です。

森に住む優しい動物

鹿

種類：鹿　持ち主：――

鹿は森に住む動物で、インド神話ではよく鹿狩りのエピソードが登場します。鹿に化けて妻と交わっていた聖仙を間違って射殺してしまった話や、水中に漏らした精を飲んだ鹿が子を産み、のちに聖者になるという物語があります。鹿は優しさを表しているそうです。

女神を乗せる獰猛な動物

虎・豹・ライオン

種類：肉食獣　持ち主：ドゥルガーなど

虎も豹もライオンも獰猛な肉食獣で、古代から恐れ敬われてきました。インドの紙幣に描かれているライオンは、紀元前３世紀頃につくられた、アショーカ王の石柱の彫刻です。虎やライオンは、ドゥルガーやパールヴァティーなどのシヴァ神妃の乗り物です。シヴァは豹の毛皮を身にまとい、虎の皮の上に座っています。シヴァは、刺客として差し向けられた虎を殺し、皮を剥いで踊ったという話があります。

毒で人々を殺す恐ろしい存在

蛇

種類：蛇　持ち主：シヴァ

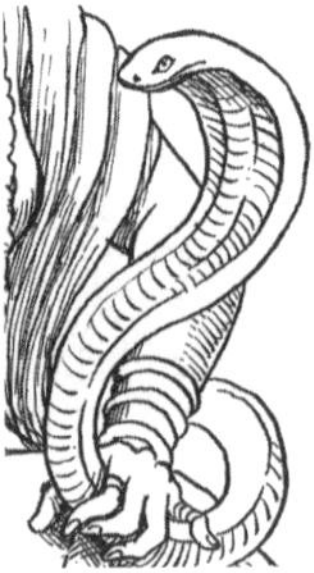

毒蛇のコブラは、現在でも神として崇められています。インドに生息するキングコブラは、象を倒すほどの猛毒を持っています。シヴァは特に蛇との距離が近い神で、シヴァの体に巻きついている蛇はシャクティ（聖なる力）の象徴です。地底界パーターラに住むナーガたちの王はナーガラージャと言われ、インド神話ではとても重要な地位を占めています。（→詳しくは 150 ページの「ナーガ」へ）

毒蛇を食らう聖なる鳥

孔雀

種類：鳥　持ち主：サラスヴァティーなど

美しい姿で猛毒のコブラを食べる孔雀は、聖なる鳥として様々な神に関係しています。広げた羽の模様から「千眼の鳥」とも言われます。蛇を食らう神鳥ガルダが落とした羽から生まれたとされています。孔雀は神格化され、マユーラ、マユーリーという神として信仰されていました。サラスヴァティーやスカンダの乗り物でもあり、クリシュナやガネーシャの頭飾りには孔雀の羽が使われます。インドの国鳥はインド孔雀です。

インド神話 豆知識　象は古代から国の重要な戦力でもあった。国には象舎や象の食料のための予算があり、象の数が国力だった。象は美しさの象徴でもある。絶世の美女シーター妃は象の鼻のように美しい腕をしていたという。

穢れなき清らかな聖鳥

白鳥、ハンサ鳥

種類：鳥　持ち主：サラスヴァティーなど

白い水鳥である神鳥ハンサは、白鳥として描かれることもありますが、本来はガチョウのことだと言われています。ハンサはヒマラヤに住んでいます。サラスヴァティーやガーヤトリー、ブラフマー、ヴィシュヴァカルマンの乗り物でもあります。白は純粋で聖なる色。汚れを清める聖なる水を象徴する白い鳥は崇拝の対象だったのでしょう。

強さと美しさの象徴

象

種類：象　持ち主：インドラなど

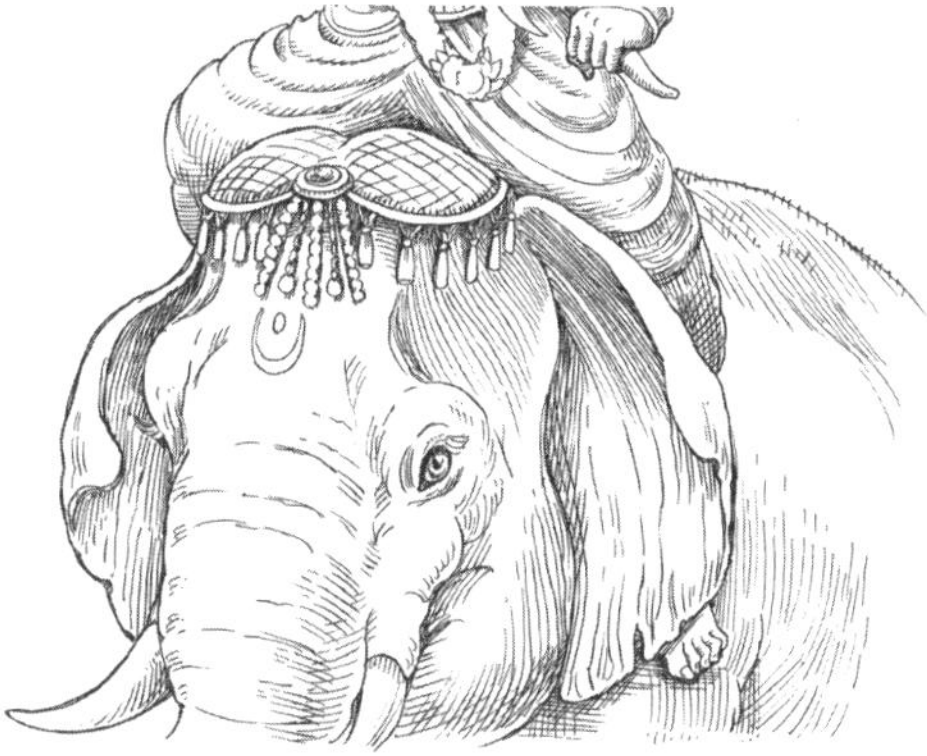

象は、ブラフマーの世界創造のときに、ガルダが生まれたあとの卵の殻から生まれたとされています。このとき生まれた雌雄８頭の象は、八方位を支える方位の象（ディグガジャ）となりました。最初に生まれた白い象アイラーヴァタは、インドラの乗り物となりました。また、アイラーヴァタは乳海攪拌の際に現れたとも言われています。ちなみに昔は象には羽があり、自由に空を飛べたそうです。ある象が枝から落ちたときに、運悪く下にいた修行者たちを踏んづけて殺してしまいました。彼らの師匠だった苦行者は怒り、象は羽を失い地上を歩くようにと呪いました。そのため、いまも象には羽がないそうです。

インドの女性のおしゃれ事情

インドでも、昔から女性たちは美しくあることに関心が高かった。ターメリックと香油やヨーグルトを混ぜたパックで肌をツヤツヤにし、目の周りは「カージャル」という煤《すす》で黒く縁取る。肌の色は白ければ白いほうが美しいとされる。

インド人の女性は額に「ビンディー」という赤い印をつける。結婚すると額の髪の分け目から頭頂部を赤い色で染める。これは「シンドゥール」といって、既婚者の証だ。指先や手のひらを赤く染めるのも女性の身だしなみとされ、メヘンディーというヘナタトゥーで吉祥文様を描くこともある。夫を失った女性は、化粧をすることや、ビンディーやシンドゥールをすることを禁じられるらしい。

最近だとアーユルヴェーダの理論を取り入れた高級化粧品もある。額のビンディーもシールになり、キラキラと光るかわいいデザインのものも多い。服も伝統的なサリーやサルワール・カミーズだけではなく、ジーンズ姿の女性たちもいる。既製品の服ブランドも多種多様で、ショーウインドウには最新デザインの服が並んでいる。

メヘンディーをつけた女性。

インド神話豆知識 縫い目がない1枚布は清浄とされるので、女性はサリー、男性は腰巻のドーティーが寺院参拝時の正装とされる。上着のクルタを着るときも、長いショールのドゥパッターを合わせることが多い。

終章

現代に息づくインド神話

～インドの祭り、文化、宗教、風習など～

インド文化と神様たち

インド神話をもとにしたエンタテインメント

いたるところにいるインドの神様たち

昔、インドでテレビドラマ『ラーマーヤナ』と『マハーバーラタ』が放映されたことがありました。人々はドラマに熱狂し、放映時間にはテレビの前に集まってしまったので、インド中で仕事が止まって大変なことになったそうです。ドラマがはじまる前に祭火を灯して儀式を行い、テレビには花が飾られて、供物がお供えされたとか。ドラマを観ることが宗教行事になってしまったほど、叙事詩の物語は人々にとって特別なものだったのです。

インドを旅するとわかりますが、街のいたるところに神様の像や絵を見ることができます。日常生活の中に神様がいるのが当たり前のように感じます。

インターネットが発達した現代では、外国との壁が薄くなりました。いまではインドの人々と簡単にSNSで繋がることができる時代ですし、様々な情報をキャッチすることができます。インドとの距離が縮まったいまだからこそ、文化や宗教などの違いを知ることが、新しい世界の扉を開いていくのかもしれません。

インド神話 豆知識

1987年にテレビドラマ『ラーマーヤナ』が放映されると、日曜朝の放映時間中は街中から人が消えてテレビの前に集まってしまった。翌年には『マハーバーラタ』も放映され大ヒットした。

☆インド神話をモチーフとした主なエンタテインメント

まずは見るべし！
大ヒット映画『バーフバリ』２部作！

インド神話のモチーフが散りばめられたインド映画といえば、日本でも2017年に公開され大ヒットした『バーフバリ　王の凱旋』(Baahubali 2 : The Conclusion)がまず挙げられる。前作『バーフバリ　伝説誕生』(Baahubali : The beginning)との２部作で、１作目は2015年にインドで公開され、２作目は2017年に公開された。２作ともインドの歴代興行収入の最高額を記録した作品だ。

この作品には２人の主人公がいる。マヒシュマティ王国の王子アマレンドラ・バーフバリと、その息子であるシヴドゥ（マヘンドラ・バーフバリ）だ。アマレンドラは軍神インドラのごとく戦い、シヴァのように牛に乗る。作品中ではシヴァのマントラ（シヴァ・ターンダヴァ・ストートラ）が歌詞の曲を背景に、シヴドゥがシヴァ・リンガを担ぐ。王位を約束されていた王子の追放、従兄の陰謀、囚われの妃など、叙事詩に親しんだインドの人々の心に響く設定が、大ヒットした理由の一つだろう。

その他のエンタテインメント例

インド神話に登場する神様は現代のゲームや漫画、アニメなどでも人気があり、様々な作品に登場している。

種類	タイトル	内容
ゲーム	『女神転生』シリーズ（アトラス）	1987年に１作目が発売。悪魔がはびこる現実世界を舞台としたRPGシリーズ。クリシュナなどが登場する。
	『Fate / Grand Order』（TYPE-MOON）	現在大ヒットしているスマートフォン用ゲーム。通称「ＦＧＯ」。『マハーバーラタ』の英雄アルジュナと宿敵のカルナ、ラーマとシーター、パールヴァティーが登場する。
漫画	『聖伝 -RG VEDA-』（CLAMP／新書館）	阿修羅王、帝釈天、乾闥婆王など、登場人物にはインドの神様の名前がつけられている。
	『3 × 3 EYES』（高田裕三／講談社）	インド神話やチベット文化などをモチーフとした世界観。シヴァ、パールヴァティーなどが登場する。
	『踊る！狂気のJK カーリーちゃん』（川上十億／新潮社）	怒るとカーリー女神に変身する女子高生を描くコメディ。ガネーシャやシヴァが登場する。

☆インドのお祭り

※地方によって時期や内容は異なります。

お祭り	時期	内容
色粉をかけ合う春の祭典！ **ホーリー**	パールグナ月（2月～3月）の満月の日	ヴィシュヌ、クリシュナ、カーマなどを祀る。起源は古く様々な説がある。魔神ヒラニヤカシプの息子が、叔母のホーリカーに燃やされそうになり、ヴィシュヌに救われたという話、カーマがシヴァに燃やされた話、クリシュナの刺客プータナーの死体の代わりに人形を焼いた話など。1日目に祝火でホーリカーの人形を焼き、夜に祝火をつける。2日目に色水や色粉を投げ合う。
華やかなガネーシャ祭り！ **ガネーシャ・チャトルティー**	バードラパダ月（8月～9月）第4日からの10日間	西インドで盛んで、特にマハーラーシュトラ州のプネーが有名。巨大なガネーシャ像を山車に乗せて町中を練り歩き、最終日には海に流す。
魔神バリの祭典！ **オーナム**	マラーヤラム暦のチンガム月（8月～9月）	ケーララ州で行われるオーナム祭は、ヴィシュヌに負けて地底界に追いやられた魔神マハーバリが、年に一度地上に戻ってきて民たちに会う日と言われている。マハーバリはケーララ州ではいまでも厚く信仰されているのだ。
ドゥルガーとラーマの祭典！ **ダシャラー**	アーシュヴィナ月（9月～10月）第1日から満月に向けての10日間	はじめの9日間はナヴラートリと呼ばれ1日1女神をお祀りする。東インドでは盛大にドゥルガー・プージャーが行われる。最終日にはラームリーラーと呼ばれる『ラーマーヤナ』の朗読や演劇が行われ、夜に魔王ラーヴァナの巨大な人形が焼かれる。
美しき光の祭典！ **ディワーリー**	カールッティカ月（10月～11月）の新月の日	ラクシュミー、ガネーシャ、ラーマなどを祀る。夜の光の祭り。当日の夕刻にディヤー（油灯）を灯し、ラクシュミーとガネーシャにお祈りをする。クリシュナが魔神ナラカを退治した日、ラーマがラーヴァナを倒して都に帰還した日という説もある。
神聖なるシヴァのお祭り！ **マハー・シヴァ・ラートリ**	マーガ月（1月～2月）13日目	シヴァ・ラートリとは「シヴァの夜」の意味。年に12回行われるシヴァ・ラートリのうち、もっとも聖なる日がマハー・シヴァ・ラートリ。シヴァの聖地とされるガンジス川沿いの聖地には、シヴァを信仰する人々が大勢訪れる。

インド神話ギモンと考察

ヒンドゥー教徒はトイレを家に設置せず野外で用を足す人が多い。掃除は最下層のカーストの仕事という意識もある。衛生面の問題もありトイレ普及率と掃除への抵抗感をなくす改革が行われている。

column インド神話と文化

ガネーシャ・チャトルティーとインド独立運動

ガネーシャはインド全土でとても人気があるが、西インドの、特にプネーでのガネーシャ祭りの盛りあがりは凄まじい。過去にマラーターの政治家ティラク氏が、英国からの独立運動の一環として祭りを盛りあげたことで、現在のような形になったという。巨大なガネーシャ像の山車がいくつも出て、人々はガネーシャとともに町中を練り歩く。最終日はヴィサルジャンといって、ガネーシャが天界に戻る日。町中の厄を背負ったガネーシャ像を海に流し清め、幸せを呼び込む。巨大なガネーシャ像は土でつくられ、海に流しても環境に悪影響を与えないような素材でつくるようにと配慮されているのでご安心を。

☆インドの暦

インドでは古代から暦法（ジョーティシャ）の研究が盛んだ。インド国定暦は１年を 12 ヶ月に定めている太陽暦だが、インドのお祭りは、ヒンドゥー暦や地方の暦を使って日付を決める。ヒンドゥー暦は太陰太陽歴なので、世界中で一般的なグレゴリオ暦（西暦）とは日付にずれが生じる。西暦だと、毎年同じ地方でもインドの祭りの日が違うのはこういう理由なのだ。

インドの暦の 12 ヶ月

3月~4月	チャイトラ月
4月~5月	ヴァイシャーカ月
5月~6月	ジャイシュタ月
6月~7月	アーシャーダ月
7月~8月	シュラーヴァナ月
8月~9月	バードラパダ月

9月~10月	アーシュヴィナ月
10月~11月	カールッティカ月
11月~12月	マールガシールシャ月
12月~1月	パウシャ月
1月~2月	マーガ月
2月~3月	パールグナ月

☆インドの宗教（ヒンドゥー教）にまつわる４つのキーワード

浄・不浄の思想

ヒンドゥー教では、特に不浄なものへの嫌悪感が強いが、現代の感覚で「清潔かどうか」ではなく、信仰と深く結びついている。低位カーストの者に触れることや、彼らから食事を受け取ること、他人の血や唾液は不浄なのに、牛糞は浄となる。でも、南インドでは低位カーストが葬儀などの宗教儀式で重要視されることがあるし、カーリー女神は不浄である血を好んで飲む。ときに不浄なものが聖なるものに転じることがあるのが、ヒンドゥー教の複雑さだろう。

ヒンドゥー教の女性観

インドでは女神信仰が盛んなのに、女性の地位は低い。夫の死後、あと追い自殺することが奨励されたサティー、持参金ダウリー、児童婚、未亡人は化粧をしてはいけないなど。

インドの女性蔑視の問題は、宗教観に根ざしているので簡単に解決できない。『マヌ法典』には、児童婚の根拠となる年齢や女性の義務などがあるが、インドは常に変化している。現代インドが抱える問題に興味を持った方がいたら、ぜひ調べてみて欲しい。

結婚・葬儀について

結婚：結婚する相手は、生まれた土地、親の職業、星占いなど様々な条件から両親が選ぶことが多い。結婚式の儀式は地方によって異なるが、基本は聖火に供物を捧げる。何日もパーティーが続き、客人には料理が無料で振る舞われる。

葬儀：肉体は魂の入れ物でしかない。遺体は炎で燃やし清め、祖霊祭で魂を導く。祖霊祭ではギーが練りこまれた米団子（ピンダ）を肉体の代わりに燃やすことで、魂が新たな体を獲得して祖霊界へ行くと信じられている。

理想的な人生設計

『マヌ法典』では再生族（上位三ヴァルナのこと。シュードラを除く）の人生を四期に分け、幼い頃は師からヴェーダを学び（学生期）、結婚し家長として子孫を残し（家住期）、老いれば出家し（林住期）、死を前に遊行する（遊行期）ことが理想的とされた。男子は10歳前後で入門式を行い聖紐を授かる。出家が流行していた古代に、出家と家業の落としどころを模索して定められた思想だが、現在でもヒンドゥー教徒の理想的な人生設計だと考えられている。

インド神話ギモンと考察

インドの神様を個人的に信仰するのは問題ないが、異教徒がヒンドゥー教徒になるのは大変難しい。カーストや生まれた場所も関係するので、来世でヒンドゥー教徒に生まれ変わるしかないかも。

☆インド神話の神々の聖地巡り

日本人と同じでインド人もお参り好き。ヒンドゥー教徒向けの雑誌の聖地特集では、1820箇所の聖地が紹介されているらしい。

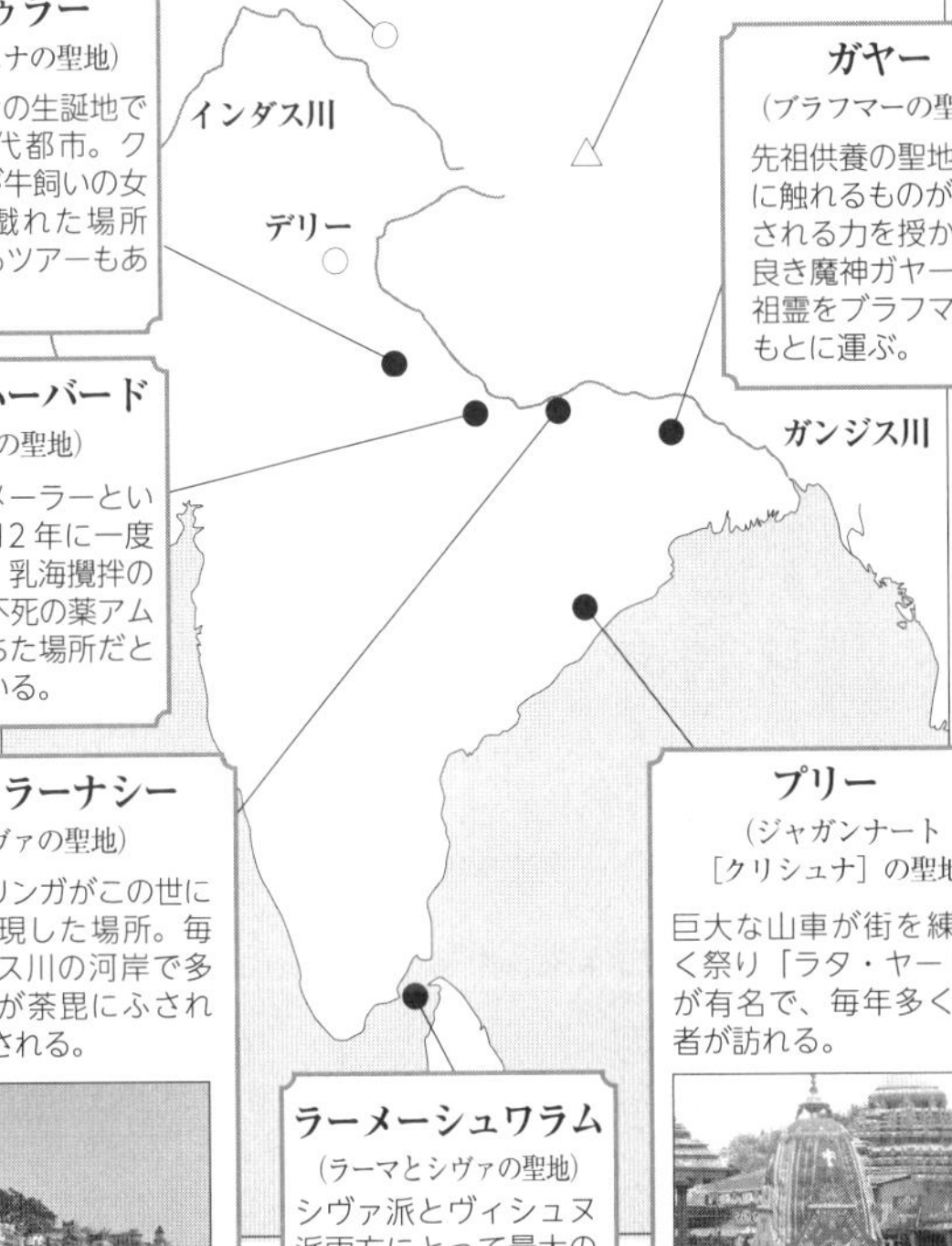

アマルナート
（シヴァの聖地）

「不死の主」の意味。アマルナート洞窟の中にある氷柱はシヴァ・リンガとして崇拝されている。

カイラーサ山
（シヴァの聖地）

シヴァが住んでいるという。ヒンドゥー教だけではなくジャイナ教や仏教の聖地でもある。

マトゥラー
（クリシュナの聖地）

クリシュナの生誕地で有名な古代都市。クリシュナが牛飼いの女性たちと戯れた場所などを巡るツアーもあるとか。

ガヤー
（ブラフマーの聖地）

先祖供養の聖地。身に触れるものが浄化される力を授かった良き魔神ガヤーが、祖霊をブラフマーのもとに運ぶ。

アラーハーバード
（沐浴の聖地）

クンブ・メーラーという祭りが12年に一度行われる。乳海攪拌の神話で、不死の薬アムリタが落ちた場所だと言われている。

ヴァーラーナシー
（シヴァの聖地）

シヴァ・リンガがこの世に最初に出現した場所。毎日ガンジス川の河岸で多くの遺骸が荼毘にふされて川に流される。

ラーメーシュワラム
（ラーマとシヴァの聖地）

シヴァ派とヴィシュヌ派両方にとって最大の聖地。ラーマがシヴァ・リンガに祈りを捧げ、戦死者を弔った。

プリー
（ジャガンナート［クリシュナ］の聖地）

巨大な山車が街を練り歩く祭り「ラタ・ヤートラ」が有名で、毎年多くの信者が訪れる。

おわりに

ヒンドゥー教は多神教で、それぞれの神様には強烈な個性があるのですが、実はそれらの神々は、「唯一の聖なる力」が様々な形で現れているにすぎない、という考え方があります。優しい女神パールヴァティーは戦の神ドゥルガーでも、恐怖の女神カーリーでもあり、富の女神ラクシュミーでもあり、女神たち、女性そのものでもあります。

吉祥なるシヴァが世界を滅ぼすという二面性を持つのも、ヴィシュヌの化身たちが同時期に存在することも、「偉大な存在は一つなのだ」と考えると、全て説明がつきます。シヴァ・リンガや幾何学図形のヤントラ、ヴェーダの韻律が、神そのものとして崇拝されることも同じ思想なのかもしれません。

人も自然も神も全て、聖なる力が姿を変えているだけとなると、自分の信じる神ではなくても、真逆の教えでも、他の全ての宗教の「神」という存在も、根本は同じということもできます。この考えは突きつめると、全ての宗教の垣根を越える素晴らしい可能性があります。

一方で、ヒンドゥー教にはカースト制度など、インド固有の社会制度や文化、風俗などと切り離すことができない思想が根底にあります。極端な二面性があるこの思想そのものが、インドの神様たちの姿なのかもしれません。

インドは、いまも変化し続けています。本書を手に取った方々が、インドの神様をきっかけに、インドの文化や風習などの異国の価値観に触れ、新しい世界と出会えますようにと願っております。

最後に。学生時代にインドの深淵へと導いてくださった先生方に深く感謝いたします。特にシヴァの図像学について興味をもった私の話を聞いて、「面白いからもっと研究してみれば？」と大学院への進学を勧めてくださった故小倉泰先生。あのときの言葉がなければいまの私はいませんでした。本当にありがとうございました。

本書を監修していただいた東海大学の川尻道哉先生、ご協力誠にありがとうございました。また、インドの文化について情報をいただいたインターネットやインドを通じて出会った素敵な方々に御礼申しあげます。

本書より簡易な内容ではありますが、ウェブサイトでインド神話の情報を発信しています。ご興味があれば是非併せてごらんください。

天竺奇譚　だーきに

【インド神話の天竺奇譚】http://www.tenjikukitan.com
【ツイッター】@tenjikukitan

◎参考文献

インド神話やインドの文化を知りたい人のために、日本語で読むことができる本をまとめてみました。★は基礎知識がなくても大丈夫です。

インド神話

★『インド神話　マハーバーラタの神々』上村勝彦　ちくま学芸文庫
★『インド神話入門』長谷川明　とんぼの本　新潮社
★『インド曼陀羅大陸　神々／魔族／半神／精霊』蔡丈夫　新紀元社
『インド神話』ヴェロニカ・イオンズ　酒井傳六訳　青土社
『インド神話伝説辞典』菅沼晃編　東京堂出版
『ヒンドゥー神話の神々』立川武蔵　せりか書房

ヴェーダなどの聖典

『リグ・ヴェーダ讃歌』辻直四郎　岩波文庫
『ウパニシャッド』辻直四郎　講談社学術文庫
『アタルヴァ・ヴェーダ讃歌―古代インドの呪法』辻直四郎　岩波文庫
★『バガヴァッド・ギーターの世界―ヒンドゥー教の救済』上村勝彦　ちくま学芸文庫
『バガヴァッド・ギーター』上村勝彦　岩波文庫
『ヒンドゥー教の聖典二篇　ギータ・ゴーヴィンダ　デーヴィー・マーハートミャ』小倉泰・横地優子訳注、東洋文庫
★『マヌ法典　ヒンドゥー教世界の原型』渡瀬信之　中公新書
『サンスクリット原典全訳　マヌ法典』渡瀬信之訳　中公文庫
『実利論―古代インドの帝王学』カウティリヤ著　上村勝彦訳　岩波文庫
『バートン版　カーマ・スートラ』ヴァーツヤーヤナ　大場正史訳　角川文庫
『完訳　カーマ・スートラ』ヴァーツヤーヤナ　岩本裕訳著　東洋文庫

叙事詩、古典文学

★『マハーバーラタ』山際素男訳　三一書房、グーテンベルク２１
★『現代版　マハーバーラタ物語』シャンタ・R・ラオ　谷口伊兵衛訳　而立書房

★『原典訳　マハーバーラタ』上村勝彦訳　ちくま学芸文庫（8巻まで）
『マハーバーラタの神話学』沖田瑞穂　弘文堂
★『マハーバーラタ入門　インド神話の世界』沖田瑞穂著　勉誠出版
★『新訳　ラーマーヤナ』ヴァールミーキ著　中村了昭訳　東洋文庫
★『ラーマーヤナ（上）（下）インド古典物語』河田清史　第三文明社
『シャクンタラー姫』カーリダーサ　辻直四郎訳　岩波文庫
★『マハーバーラタ　ナラ王物語　ダマヤンティー姫の数奇な生涯』鎧淳訳　岩波文庫

ヒンドゥー教について

★『ヒンドゥー教の本』Books Esoterica　学習研究社
『ヒンドゥーの神々』立川武蔵・石黒淳・菱田邦男・島岩　せりか書房
『ヒンドゥー教』シベール・シャタック　日野紹運訳　春秋社
『ヒンドゥー教の事典』橋本泰元・宮本久義・山下博司　東京堂出版

インドの歴史・文化・全般

★『インダス文明の謎　古代文明神話を見直す』長田俊樹　京都大学学術出版会
★『古代インド』中村元　講談社学術文庫
『中世インドの歴史』サティーシュ・チャンドラ著　小名康之・長島弘訳　山川出版社
★『新版　南アジアを知る事典』辛島昇、前田專學、江島恵教、他、監修　平凡社
★『インド建築案内』神谷武夫　TOTO出版
★『チャラカの食卓　二千年前のインド料理』伊藤武　香取薫　出帆新社
★『インドがやがや通信』インド通信編集部　トラベルジャーナル
『インドを知る事典』山下博司、岡光信子　東京堂出版

P019　Kingsly/Shutterstock.com, https://www.shutterstock.com/ja/image-photo/tanjore-big-temple-brihadeshwara-tamil-nadu-488889451
P085　Bust of bodhisattva, Kushan period ／ Taken on March 30, 2007 ／ Molly
P169　Karttikeya and Agni - Circa 1st Century CE - Katra Keshav Dev - ACCN 40-2883 - Government Museum - Mathura 2013-02-23 5717 By Biswarup Ganguly, CC BY 3.0, https://commons.wikimedia.org/w/index.php?curid=30298672
P187　12th century Airavatesvara Temple at Darasuram, dedicated to Shiva, built by the Chola king Rajaraja II Tamil Nadu India (96) ／ By Richard Mortel from Riyadh, Saudi Arabia - Airavatesvara Temple at Darasuram, dedicated to Shiva, built by the Chola king Rajaraja II in the 12th century (90), CC BY 2.0, https://commons.wikimedia.org/w/index.php?curid=64003672
P205　Danidhar4 ／ By User: [illegible])wn work, CC BY-SA 3.0, https://commons.wikimedia.org/w/index.php?curid=7782917
P212　Sofia Zhuravetc/Shutterstock.com, https://www.shutterstock.com/ja/image-photo/portrait-beautiful-indian-girl-young-hindu-492086359
P219　Rath Yatra Puri 2007 11071 ／ By I, G-u-t, CC BY 2.5, https://commons.wikimedia.org/w/index.php?curid=2472540
※クレジット記載のないものは個人蔵または、Public Domain 及び CC0 のものです。

著者

天竺奇譚　（てんじくきたん）

作家、インド神話・インド文化研究家。東京都在住。東海大学大学院文学研究科博士課程前期修了。文明学専攻。専門は南アジア文明、ヒンドゥー教図像学。漫画やゲームが大好きで、漫画『3×3《サザン》 EYES《アイズ》』（高田裕三）を読んでインドの神様に興味をもつ。学生時代よりWebサイト『天竺奇譚』を運営して、聖と俗を併せ持つインドの神様たちの魅力をわかりやすい紹介とイラストで発信し続けている。

Web　http://www.tenjikukitan.com/

Twitter　@tenjikukitan

※本書は書き下ろしオリジナルです。

じっぴコンパクト新書　361

JIPPI Compact

いちばんわかりやすいインド神話《しんわ》

2019年1月21日　初版第1刷発行
2023年8月30日　初版第7刷発行

著　者……………天竺奇譚

監修者……………川尻道哉
発行者……………岩野裕一
発行所……………株式会社実業之日本社
〒107-0062　東京都港区南青山6-6-22 emergence 2
電話（編集）03-6809-0452
　　（販売）03-6809-0495
https://www.j-n.co.jp/
印刷・製本…………大日本印刷株式会社

ISBN978-4-408-33842-2（第一趣味）